PHP
Business Shinsho

新版・実践経営問答

こうして
会社を強くする

Kazuo Inamori
稲盛　和夫
盛和塾事務局［編］

PHPビジネス新書

まえがき

一九九八年、私が主宰する盛和塾での勉強会の内容をまとめた『実践経営問答』（PHP研究所）を上梓させていただいた。

盛和塾とは、京都の経営者たちから強い要請を受け、一九八三年に発足させた経営塾である。現在では、国内五十三塾、海外九塾と大きく広がり、塾生の数は六千名を超えている。

年間十数回、各地区で開催される勉強会に出席し、私が会社経営を通じて得た経営哲学や経営者のあり方などをボランティアで教えている。

この盛和塾における勉強会の一つの形式として「経営問答」がある。「経営問答」とは、塾生が必死になって経営する中で、行きづまり、解を見いだせず、悩み、苦しんでいる経営課題について質問し、私が自分の経営体験に基づきアドバイスを行うものである。

同書では、このような「経営問答」の中から、経営者はもちろんのこと、組織のリーダーであれば誰もが遭遇するであろう問答を選び、紹介させていただいた。

おかげさまで、読者のみなさまから、実践的な経営のあり方や、リーダーのあるべき姿を学ぶことができたとの評価を頂戴した。


初版の出版より十年以上が経つが、今回、ＰＨＰ研究所より、「時代を超えても変わらない経営の原理原則を具体的な事例を用いて語っていただいている。現在にも十分通じる内容であり、より多くの経営者、ビジネスマンの手元に届けたいので再出版したい」とのご提案を頂戴した。

そこで、若干の改訂を行い、ビジネス新書シリーズの一巻として発刊させていただくこととなった。


バブル経済崩壊から約二十年、日本経済は低迷から脱却できず、企業経営は厳しい状況が続いている。

一方で、新興国の経済成長スピードはめざましく、日本国内で強さを誇った企業が、グローバル市場でいつの間にか競争力を失いつつある。

その中で、多くの経営者や経営幹部が、かつての自信を失い、会社の舵取りをどうすべきか、いかにして会社を強くすべきかについて、悩み、苦しんでいるのではないだろうか。


幸いにも、盛和塾塾生企業の多くは、経営者と従業員が心を一つにして、誰にも負けない努力を重ね、現在の厳しい経営環境下においても成長を続け、すばらしい実績をあげている。

勤勉でロイヤリティの高い従業員を有する日本企業のポテンシャルはまだ高い。リーダーが従業員に対する思いやりの心を忘れることなく、強い意志と不屈の闘志を持ち続けることができれば、日本企業は必ず復活することができる。


そのような私の思いに満ちた本書が、企業の活性化、ひいては日本経済の再生に多少なりとも貢献することを心から願っている。

新書版発刊にあたって、盛和塾塾生および盛和塾事務局に深甚なる謝意を表し、まえがきの結びとしたい。

平成二十三年三月

盛和塾塾長　稲盛和夫

新版・実践経営問答　こうして会社を強くする　⚜　目次

第二章 業容拡大を実現させる

第三章　社員のモチベーションを高める――89

第一章 判断力を磨き上げる

塾生質問

[1] トップの判断のよりどころとは

私は、地元では名門といわれる企業の創業者の長男として生まれ、現在は副社長をいたしております。父は健在ですが、数年後には事業継承を予定しており、父もマネジメントのほとんどを私に委譲してくれています。

さて、会社経営、組織運営における「トップの判断は何をよりどころとすべきか」をお伺いしたいと存じます。

私は盛和塾に入塾以来、啓発を受け、経営を伸ばすと共に、従業員の幸せのために、ただ働きに来てお金を得るという職場ではなく、仕事を通じて心を高められるような職場の実現を図りたいと思うようになりました。そこで、自分に対してはもちろん、従業員に対しても厳しく経営課題の実現を要求しております。しかしながら、こういう私の方針に対しては、親の代からの経営幹部、また従業員の中からも厳しすぎるという意見が多く、非難があるように思います。同じ経営者仲間からも、「他人の弱さが分からないようでは、徳のある人間とはいえない」と言われる始末です。

中小企業の経営者は、自らの弱さを日頃から自覚している人が多く、それだけに他人の弱さもつい安易に認めがちです。当然、従業員も、ある程度こういう状況を望んでいる向きがあり、経営者と従業員が馴れ合いで結ばれているような風土を醸成しています。また、経営者同士も妙な連帯感で包まれ、経営の伸長を阻害しているような気がします。

私自身は、こういう考え方は会社経営や組織運営とは全く次元の違う問題だと考えています。従業員の非難に対しても、それぞれの気持ちや人間の弱さを理解していくのは度量の問題だと思いますし、経営者同士も、もっと切磋琢磨していくべきだと考えます。しかしながら、一方で「貴方の親父は徳があった」と言われると、馴れ合いで経営してきた父の方が人間的であるかと考えたりもしてしまいます。どうか良いご示唆をお与え下さい。

塾長回答

どの山に登るか

私は貴方の悩みそのものが、大変レベルの高い悩みだと思います。おそらく一生懸命に経営に打ち込んでいなければ、こういう悩みに至らないだろうと思います。私はすでに貴方は相当の域まで達しておられ、非常に立派だと思うのです。

ところで、貴方は、「自分の弱さを自覚していると同時に、他人の弱さも認めてしまうような甘い生き方ではなく、自らを高め、他人を高めていくよう切磋琢磨していこうではないか」と、役員や従業員に言った場合に、彼等が受け入れてくれない、また、そういう厳しいことを言う貴方に非難が返ってくる、とおっしゃる。さらに、この問題は会社経営、組織運営をすることとは全く別の問題ではないだろうか、とおっしゃっておられますし、人の弱さを理解し、分かってあげることは必要で、これは度量の問題である、とおっしゃっておられます。

しかし、このことは、貴方がおっしゃるように経営とは別問題ではないのです。この問題は会社経営、組織運営そのものなのであり、もちろん、度量の問題でもないのです。

つまり、弱さを認め合ったり、慰め合ったりすることが良いか、悪いかではありません。どういう道を歩きたいか、どういう到達地点に至りたいかということが、まず議論にならなければいけません。「自分が目標とする到達点に行くためには、こういう生き様を、こういうプロセスを辿らなければ成せないのだ」という考え方をすることが大切です。まず目標設定ありきなのであり、貴方が悩んでいるのは、むしろそれを達成するプロセスの問題なのだということを自覚すべきなのです。

ですから、貴方はこう言うべきだったのです。「私自身は弱いし、間違ってもいるし、いい加減だ。それを私は直していこうと、心を高めていこうと思っているし、皆さんにも良くなってもらいたいと思っているのです。それはなぜかというと、うちの会社をこういう会社にしたいからで、私の理想とする会社にするためには、今私が言っているような生き方が必要なのです」と。

大変難しい問題なので、例を挙げてお話しします。

実は、こういうことがありました。ある方が、こう言われたのです。

「稲盛さん、貴方の生き方というのは、なんか四角四面で、そういう人生を歩くのはしんどいのではありませんか。人間というのはもっといい加減なもので、失敗もあれば、いろんなことがあるのが当たり前だと思うのです。私の場合、私自身がズッコケ社長で失敗をさらけ出すものだから、幹部や社員たちが、『うちの社長は人間らしい』と言って慕ってくれるし、守ってくれています。そういう私だから、部下の弱さもよく分かるし、失敗も認めてあげるので、二代目であっても皆がついてきて社長が務まっています。

稲盛さん、貴方は度量がないのではないか。だから、四角四面で厳しい生き方しかできないのではないか。そういう貴方だから部下も貴方を怖れているではないか」

私も若かったので、その時は、「なるほど一理ある」と思いました。しかし、そうではないのです。

結論から言うと、目標が違うのに、そのプロセスを比べても意味がないのです。目標によって方法論は変わってくるのです。創業以来すでに半世紀を超えているのに、その人の会社は親の代から売上規模は同じ、利益もあるかないか。この程度であれば、ズッコケ社長でも良いのです。私のようにゼロから始めて、三十余年で売上五千億円、従業員も国内外で三万人の大企業にしようと思えば、こういうストイックな生き方が必要だったのです（編集注：京セラは創業から半世紀以上経過した二〇一〇年三月期で売上約一兆七〇〇〇億円、従業員は全世界で六万人を超える）。

ですから、「稲盛さんのああいう生き方だと、わずか三十余年であんなにすごいことになるのでしょうな。でも、私はそういう生き方は好きではない。自分もしんどいし従業員もしんどいから」と言うなら正しいわけで、貴方の場合は、もともと比較するものがないのに、比較しておられることに問題があるのです。

登山でも、小さな丘に登るのとヒマラヤに登るのとでは、技術の修練、切磋琢磨にしてもレベルが違うでしょう。決して生半可な技術ではエベレストには登れないはずです。まずどの山に登るかが、会社の中で議論になるべきなのです。

具体的な目標を立て、そのうえで、これを達成するためにはこれしかない、という方法論に辿り着くべきです。どうぞ心して経営にあたって下さい。

塾生質問

2 社長業には何が大切か

当社は、今年で創業五十周年を迎えた菓子メーカーです。本年三月、約三十五年経営のトップを務めた父に代わり、三十九歳の私が三代目の社長に就任いたしました。社長の交代は既定路線でしたし、父も会長として引き続き経営トップに残ることもあり、社内では社長交代はスムーズに受け入れられました。私が社長を引き受けるにあたって人間関係で障害になるものはなく、幸運であったと思っております。

さて、今般は社長業を引き受けるものとして心得ておかねばならないこと、気をつけるべきことを塾長に伝授いただきたく存じます。

実は、数年前より社長交代を前提に、私自身覚悟を決めて社長業とはどういうものなのかを考えて参りました。私自身としては、やはり企業のトップとして、リーダーとして全社員の運命、人生を預かっている以上、社員の幸福が第一義と考えており、そのうえで、地域社会で企業を発展させていく責務があるのではないかと考えております。

三月一日に社長就任ということで全社員を集め、当社の経営理念に沿って中期経営計画などを話しましたが、その後もいろいろと、社長業というのはこうすれば良いのではないか、ああすれば良いのではないかと思い、考えあぐねる毎日であります。新米社長である私に、社長業の要諦《ようてい》ということでアドバイスをお願いいたします。

塾長回答

原理原則に基づいて経営する

社長業として何が大事か、何に気をつけるべきかとの質問です。若くして社長になられたわけですが、お父さん子飼いの従業員たちは人間的にいい方々ばかりで、自分を問題なく受け入れてくれ、非常に幸運だとおっしゃっていますが、それはお父さんの会社の治め方が良かったからだと思います。給料を払い、社長として命令すれば、人はついてきます。しかし、本当に心服してこの社長についていく、という気にさせるのは、貴方の器量、人格の立派さということしかありません。ですから、是非人間をつくって貴方のお父さん同様、尊敬と信頼を受ける人物になっていただきたいと思います。

人間をつくることが大切だというのは、もう一つ理由があります。今はお父さんは元気ですから問題はありませんが、もしお父さんが亡くなれば、やがて貴方は社長として常に最終結論を出す立場になるからです。

社長というのは、物事を決める最終の地位です。副社長、専務の時は、上に最終決裁者がいますから、「こうしたいと思います」で済みますが、社長というのは、最終のディシジョン・メイキングをする人ですから、後ろがないわけです。では、決断する時に何をもって決めるかというと、それは心の中の座標軸になるのです。ですから私は、社長業を全うする、つまり企業を治めるには、判断・決断の基準となる心の座標軸を持っていることが一番大事だと思います。

私は創業の頃、「人間として何が正しいのか」「原理原則に基づいて経営する」ということを心の座標軸として判断基準におきました。そして、常に自問自答を繰り返してきました。その原理原則は何かというと、正、不正の判断基準、または善悪の判断基準、公平、公正、誠実、誠意、愛情、正義、博愛、正直、素直等々のベーシックな言葉で表せる倫理観です。この倫理観を持っていなければ、ともすれば己の欲望が物事の判断基準になるというケースが多くなりがちです。

盛和塾でいつもお話ししているように、このベーシックな倫理観とは、人間が本来持っている魂と同じものなのです。人間の魂は真・善・美という言葉で表される実体です。ですから、人間が真実を求め、善きことを求め、美しいことを求めるのは本来的なことなのです。したがって、貴方も社長として物事の判断をする時は、魂の基準に近いところで決断することが重要です。

そのほかに、社長業として気をつけるべきことを、少し具体的に申し上げましょう。

第一に、社長は公私の区別を峻厳《しゅんげん》として設けることです。つまり、公私混同をしてはいけません。特に人事については、いかなる不公平もあってはなりません。

第二に、社長は企業に対する無限大の責任感を持つことです。なぜなら、企業は無生物ですが、その企業に命を吹き込むのは社長である貴方しかいないからです。躍動感に溢れる会社になるかどうかは、貴方が企業にどのくらい責任感を持って自分の意志を注入しているかで決まるわけです。

第三には、社長は前述のような存在である以上、自分が持っている人格と、自分が持っている意志そのすべてを企業に注入することが必要です。

第四には、社長というのは従業員の物心両面の幸福の追求のため、誰よりも努力する存在でなければなりません。

第五としては、社長というのは従業員から尊敬される存在でなければなりません。そのためには心を高める必要があります。ですから、持って生まれた人柄で経営していくのはやめて、哲学を究めていく必要があるのです。

最後に、今まで申し上げてきたように、社長というものは最終判断者であるために大変孤独です。常に自分のした判断が正しかったか、本当に良かったかと不安になります。したがって、こういう孤独に耐えるためにも、真の仲間づくりというか、腹を割って話せる友人を、今からつくっておくべきだと思います。

塾生質問

3 トップの器となるには

当社は飲食店のチェーン展開を業としております。私は、大学卒業後、大手のファミリー・レストランに入社したのですが、半年後に現会長である父が病に倒れ、当社に入社。その後健康が回復した父と二人三脚で頑張り、当時四店舗だった店が現在では二十八店舗となり、売上も二十二億円まで伸ばして参りました。

トップの器、企業の治め方につき、助言をいただきたいと考えております。

当社は売上百億円の達成を目標としております。私は会社を伸ばしていくためには優秀な人材が必要と考え、大手のチェーン店で部長をしていた後輩をスカウトし、管理部長に据えました。彼は組織面から人のことまで精通しており、重宝しております。私も彼につられる形で組織・人事の勉強を始め、今仕事が面白くなってきています。幸い、ほとんどの店は流行《はや》っており、管理部長は、この機に乗じて一気に資金を調達して店舗拡大を図ろうと前向きです。私も最近では、この男がいれば売上百億円もそう難しくないと思うようになってきております。

しかし、そう思えば思うほど不安になって仕方がないのです。それは、今まで仕事に情熱を込めてやってこなかった男が、百億円も売り上げる会社の経営者が務まるのかということです。私は経営者には企業規模に合った器量というものが必要だと思います。そもそも自分にそんな器があるのか、自分より能力のある男を今後も治めきれるのかと、そんなことばかり考えるようになっております。

私は、この事業を家業から企業へと発展させたいと思っています。塾長が京セラを大きくしていく過程で、どのような哲学を持ち、どのような情熱と覚悟を持っておられたか、是非お聞かせ下さい。

塾長回答

人のために尽くす

貴方はレストランを四店舗から二十八店舗にまで増やし、年商も二十数億円まで伸ばしてこられた。ですから、そこまでのノウハウは全部分かっていますし、自信も持っておられます。しかし、その先が不安で仕方がないわけです。

まず、なぜ不安が湧き上がってくるのか、その原因につき指摘したいと思います。それは、貴方が会社の実態を正確につかんでおられないことにあるのです。

頂戴した資料から判断すると、貴方の会社の収益性は非常に悪いと思います。しかし、トップである貴方にその自覚が足りない。しかし漠然と、実態掌握ができていないのはまずいとは気がつかれているわけです。それゆえ、自分より能力がある、つまり自分より企業の実態掌握ができる部下が欲しいと思うと同時に、そのような部下を持つと治めきれないという不安が湧き上がってくるのです。

よく「中小企業と吹き出物は大きくなれば潰れる」といいますが、それはなぜかというと、企業の計数的、財務的な管理がしっかりできていないからなのです。

では、貴方の場合どうすべきかというと、何をおいても一店舗ごとの独立採算、ユニット・オペレーションを確立することです。貴方のようなご商売では、店舗別に売上も仕入れも当日把握できるはずですから、まず直轄の管理会計担当者をおいて貴方に数字が上がるようにします。そして、店長から週次か月次で目標の結果報告を受けるシステムをつくり、受けたらそれを評価する人事システムを、同時に構築していかれたら良いと思います。

このシステムを完全に構築され、二十数店舗が高収益を上げながら運営されるとすれば、あとは同じ手法で増やしていけば良いのです。ただし、店長に良い人を得ることが重要です。

では、収益性が高まり、計数的な管理ができるようになったら、それだけで会社が大きくなるかといえば、それは違います。貴方が言われるように、トップの器という問題が出てきます。私は、貴方の悩みが核心をついたものだけに、今後貴方はさらに伸びていかれると思います。核心をついた悩みは成長の始まりなのです。

貴方のおっしゃるとおり、会社というものはトップの器以上には大きくはなりません。したがって、人を治めるためには、経理・会計を治めると同時に、貴方の魅力、すなわち人間性・人格をもってしなければなりません。

では、人格でもって部下を引きつける経営者とはどういう人物なのでしょうか。私は、「仁」「義」「誠実」「公平・公正」「勇気」という五つの言葉で代表されることができる人だと考えています。つまり、思いやりがあり、義理人情に厚い人で、陰日向なく努力する人、そして人事に際しては私情を挟まず、事にあたっては決して卑怯な振る舞いをしない人です。しかし、よほどの修行でもしていなければ、このような人格が一朝一夕で身につくはずもありません。

そこで私は、「人のために尽くす」ということを経営の基本におき、人格を磨かれたら良いと思います。たった一回しかない人生です。その人生を二十数店舗、売上わずか二十数億円で終えるより、「同じ一生なら、もっと多くの人から喜ばれるよう経営してみよう」と思い、経営するのです。

実は、人間が一番強くなるのは、執着から解脱した時なのです。「儲けたい」「偉くなりたい」、これはみな欲望です。もちろん、この執着、欲望から完全に抜け出すのは無理ですが、「人を喜ばすために」と考えれば、その分我欲が引っ込みます。心が高まっていくのは、実はここからなのです。

本当にこんなことで経営が伸びるのかと貴方は思うかもしれません。しかし、京セラの発展も、私が会社を創って三年目、大変悩んだ末に、「全従業員の物心両面の幸福の追求」ということを経営の基本においてから始まりました。「情けは人のためならず」という言葉もございます。この「利他」の精神を心に抱いて経営にあたられると良いと思います。

塾生質問

4 経営目標は何を基準に、どのように決めるべきか

当社は貸衣装店を営んでおります。

さて、年間計画や中期計画などの立て方、年間の伸び率などを、どう決めていくべきか悩んでおり、ご教示をいただきたくお願い申し上げます。

私は、家業の貸衣装店を事業に高め、総合ウェディング・サービス業として、将来は株式上場を目指しております。経営目標作成にあたっては、塾長の教え「売上は最大限に、経費は最小限に」をベースとして、年間計画、中期計画を策定しておりますが、社員に対し自信を持って設定の根拠を説明できるかという点になると、正直疑問が湧いて参ります。もちろん、できる目標であれば高いに越したことはないのですが、目標があまり過大では絵に描いた餅となりがちですし、過小ですと職場の緊張感が保てません。

私自身としては、市場環境等を考慮し、職場に緊張感をみなぎらせていながらも手を伸ばせば届く目標を、経営者自身がトップダウンで決めるべきと考えますが、全体を見なが

らの目標値となるため、社員の納得を得られない場合が多々あります。かといって、ボトムアップでは、安易な目標設定の集積となりがちで、結局経営者が意図する数値に仕上がってこないことが多く、リーダーによって意欲にばらつきが出るため、全体として公平性を欠いたものにもなってしまいます。

以上、年間の伸び率など経営目標は何を根拠に、どのように決定すべきか、また、決めるにあたっての手順は、トップダウン、ボトムアップどちらを採択すべきか、決定の基準、ポイントをお教え下さい。

塾長回答

潜在意識に透徹するほどの強烈な願望を持つ

目標設定のあり方について悩んでおられることが、すでに経営者として立派なことなのです。目標の設定というのは、経営の中でも非常に重要なことであり、一生懸命に経営していれば、必ずこのような悩みを持たれるはずです。

結論から申し上げれば、経営目標を設定するために適切な手順や基準があるわけではありません。経営目標というものは、そのような形式を問題とするようなものではなく、経営者の「こうしたい」という強い思いが現れたものでなくてはならないのです。そして、経営者は社員全員に「社長が決めたのなら、いくら無理をしてでも、必ず達成しよう」と思わしめることができなくてはなりません。

企業というのは人間の集まりであり、経営者の役割というのは、その人間の集団にいかに生命を吹き込むかということです。つまり、経営者は、企業を単なる烏合の衆としてではなく、全員が一つの目標に向かって突き進む集団、一つの意識、考え方を共有する集団にしていく必要があるのです。結局、経営目標とは、この人間の集団をいかにしていくかという経営者の思い、意志そのものでなければならないのです。

それでは、どのような思いを持てばいいのでしょうか。私は経営者が持つべき思い、願望とは、潜在意識に透徹するほどの強烈なものでなければならないと考えています。つまり、「こうなればいいのになあ」という単なる願望ではなく、「どうしても、どんなことがあってもやり遂げなければならない」という、強烈な願望でなくてはならず、寝ても覚めても、いつもそのことを考えているようなものでなくてはならないのです。

しかし、現実の問題として、経営者がとてつもなく高い目標を急に掲げ、願望だ、意志だと言って頑張っても、「社長、やはりそれは無理です」と、社員は最初から達成を諦め、しらけてしまうでしょう。そこであわてて、その目標を下方修正するようなことになれば、今度は目標なんていくらでも変えられるものだと思い、さらに下方修正することになりかねません。

こうして、社員が経営目標は自由に変更できるものだと思うようになると、経営は成り立たなくなってしまうのです。いくら経営者が強烈な願望を持っていたとしても、社員の心を捉えることができなければ何の意味もないのです。

つまり「人の心をどう捉えるのか」が、経営においては非常に大切なのです。ですから、経営者とは、社員から信頼され尊敬され、「この人についていきたい」と心から慕われるような人間性を備えている一方、社員の心理はどうなっているのか、それはどうすれば動かせるのかが分かっていなければならないのです。中国の古典に「天の時、地の利、人の和」という言葉がありますが、天の時や地の利を得たとしても、最終的に事を決するのは人間であり、その心なのです。ですから、経営者はその心を誰よりも良く理解していると同時に、社員と固い心の絆で結ばれている必要があるのです。

常日頃から、コンパや会議などを通じて経営者が自分の思いを社員に伝え、社員もそれを良く理解してくれている、素晴らしい人間関係もできている。そうなって初めて「来年は思い切って倍ぐらいに会社を発展させたい。是非協力して欲しい」と話した時に、社員が「一緒にやりましょう」と自然に言い出すような雰囲気がつくれるのです。

このように単純にトップダウンで目標を押し付けるのではなく、トップの「必ずやり遂げるぞ」という意志がそのまま社員の意志となり、社員全員が盛り上がってくる。その結果として社内全体のベクトルが揃うようになる。このようにしていく必要があるのです。そして、経営者を中心に多くの社員が飛躍を求め、目標に向かって心を一つにして進むようになると、たとえ冷めた見方をする社員がいくらかいたとしても、会社全体が活気づき、目標に向かって進み始めるのです。

経営者にとって目標の設定とその達成は永遠の課題です。そして経営目標が経営者の意志の反映であるという意味において、経営目標を設定し、それに向かって社員と一緒に最大限の努力を払っていくということが、経営者の仕事の大半なのです。

是非、貴方が自分の意志、願望として経営目標を設定され、それを社員と共有し、全社一丸となってその目標に向かって邁進されますよう心から期待しております。

塾生質問

5 本業と公職の葛藤を克服するには

当社は水産食品の製造・卸を営んでおります。現在、社員は二百名、年商は百億円です。父が創業者で、私は二代目となり、社長歴は三年になります。

さて、地方小都市における経営者の本業と公職の葛藤、この克服と心構えについてご質問をいたしたく存じます。

父は創業者で、昨年他界いたしましたが、生前は商工会議所の会頭などの公職を歴任しておりました。その関係で後継者の私にも、商工会議所、業界、福祉、文化、雇用に関する公職への就任要請がございます。いわゆる創業者の場合には、若い頃は地元では無名であり、仕事に専念できますが、私共後継者は、先代がやり手であり、知名度が高ければ高いほど、働き盛りに公職就任の問題が否応なしに押し寄せて参ります。大都市とは違い、人口三万人ぐらいの小都市では、ある程度の規模で会社をやっておりますと、地元への影響も大きく、公職の問題は避けては通れません。

私としては、激動の経済環境の中、本業に専念すべきとは思いますが、容赦なく押し寄せる公職就任の要請に、本業とのバランスをいかにとるか自信が持てず、悩んでおります。以前、塾長より「心の座標軸」と題して、発展と調和、利己と利他という概念をご講話いただきましたが、そこで得た私の解釈としては、公職というのは利他であり、「動機善なりや、私心なかりしか」と問えば善であり、私心がないものだと思うのです。しかし、その善である公職を追求していけば、本業からどんどんかけ離れてしまう。そのことに葛藤を感じております。

塾長講話の中に、「本業は八、公務は二。百歩譲っても七対三」とおっしゃったものがありますが、一旦引き受ければそういうわけにもいかないようです。この本業と公務の葛藤をどのように克服すべきか、是非ご指導を賜りたいと思います。

塾長回答

仕事に打ち込む

貴方の悩みは後継者ならではのもので、大変難しい問題であると思います。確かに創業者である私の場合、若い頃そういう要請はなかったし、断ればそれで済みました。

貴方の場合、お父さんが偉くて、商工会議所の会頭等公職をたくさん引き受けておられたので、二代目の貴方にもそのお鉢が回ってくる。また、小都市であるがゆえ、本業に徹したいのに公務や地方行政の行事に引っぱり出される。これは当然起きてくる問題であり、同じようなことで悩んでおられる後継経営者は意外に多いのではないかと思います。

ところで、少し理解が違うなと感じましたのは、「公務は社会奉仕だから利他である」「公務であるから私心はない」とおっしゃることです。私は私心はあると思うのです。それは名誉欲という私心です。やはり人の上に立ちたい、目立ちたいという気持ちがあるわけです。ですから利他だけでもないのです。人に請われてなるわけで、人を引きずり降ろしてなるのではないから、動機は善なのかもしれませんが、確かに私心はあるのです。貴方にしても、お父さんが土地の名士であっただけに、業界や社会に貢献もせず社業に引きこもって、人から忘れ去られるのは嫌だ、後ろ指を指されるのは嫌だ、という気持ちはなきにしもあらずだと思うのです。

もちろん、公職を引き受け、世のため人のためにと尽くすことは立派な利他行です。ですから、私心なく本当に公職に打ち込みたいなら、経営の第一線を退いてやるべきです。弟でも、番頭でも、本当にしっかりした人を社長にして、自分は会長職にでも就いて、若年寄のような立場でやるべきなのです。自分が社長をやるよりは、弟か番頭に譲った方が会社は立派になるので、自分は公職を一生懸命やって社会貢献する。そういうことなら引き受けてもいいでしょう。

しかし、余人をもって代え難いと思うなら、引き受けてはいけません。なぜなら、会社があっての公職なのですから。まず本業ありきなのです。会社が立派であるから就任依頼がくるのであって、本業を疎《おろそ》かにしては、たとえ公職に就いても良い仕事はできません。どうしても断れないなら、貴方は社長業に専念し、少し頼りなくて冠婚葬祭係を務めているような人を副会長にでも据えて、「今後は副会長が公職の一切をやらせていただきます」と言うのが良いでしょう。

どこでもそうですが、事実そういう公職を好んでやっておられる経営者の会社というのは、伸びておられないのです。「二兎を追うものは一兎をも得ず」といいますが、そのとおりで、若干の名誉欲をくすぐられるだけで、失うものの方が多いのです。私が京都商工会議所の会頭を引き受けたのも、代表権のない会長になってからです。伊藤社長（当時）

以下、幹部の方が十分に仕事ができるので、皆に全権を任せ、私は相談事だけ受けるような体制にしておいて、会頭を引き受けたのです。それまでは、気の引けることですが、商工会議所の仕事はしておりませんでした。逆に言えば、それくらい覚悟のいることなのです。

社長業も辞められない、代わりもいないというなら、全部辞めなさいとは申しませんが、やはりせいぜい七対三です。公職は三割までに抑えるべきです。公職というものは本当にキリがないものですから、時間的にみても「七対三でご勘弁をいただきたい」と、それはハッキリすべきでしょう。

「この土地で代々これほどの商売をさせていただいておりますので、やはり率先垂範して地元のためにも尽くさなければと思います。しかし、器量不足の私です。引き受けたがために、せっかくここまで親父がつくり上げた会社を傾かせては、従業員にも地元の人たちにも申し訳ない。ですから、やはり社業の方に七割は時間を割かせていただきたい。残る三割で一生懸命やらせていただきますが、ご迷惑をかけることもあると思います」と言い切って、「将来盤石の体制を整え、後継者をつくったら、五割、六割の時間を割いて貢献させていただきます」と謝って、しっかり本業を守れる範囲で受けるべきだと思います。

私は、こういう誘惑のことを、いつも「悪魔の囁《ささや》き」と呼んでいます。悪魔は笑顔で近づいてきます。貴方の名誉欲をくすぐり、心持ちが良いようにしておいて、「貴方の会社は立派だし、少しは地元に貢献しては」と、だんだんに近づいてくるわけです。引き受けて立派にやろうと思うなら、経営の第一線から退いてやるべきで、あくまでも社業優先でやっていただきたいと思います。「本業あってこその公職」と肝に銘じていただきたいのです。

塾生質問

6 危機にあたっての心構えはどうあるべきか

当社は神戸にて食品の製造販売をいたしております。平成七年の阪神・淡路大震災では、私共も被災をいたしました。震度六の烈震で死者約六千名、負傷者約四万名、家屋の全半壊約二十五万軒という大惨事になったのはご承知のとおりです。

さて、被災した当時は、五里霧中のまま経営再建にあたっておりましたが、日が経つにつれて、当時の判断は正しかったのか、今後に備えてどのような心構えが必要なのかを考えるようになり、いわゆるクライシス・マネジメントの要諦につき、教えを請う次第です。

実は、震災直後はテレビもラジオもだめ、電話も不通のことが多かったので、当時の私の感覚では、皆が大げさに言っているように思えました。家族は皆無事でしたし、自宅も会社も被害は軽微だったからです。もちろん、社屋の中は足の踏み場もない状況でしたが、建物はしっかりしておりました。コンピューターも倒れてはいましたが、電気が通じると無事動き、顧客管理のデータも失われておりませんでした。今思えば、運が良かったとしかいいようがなかったと思います。

ですから、ただごとではないと思ったのは、その日遅く電気が通じ、テレビのニュースを見てからでした。時が経つにつれ、当社もバレンタイン用に備蓄していた商品が倉庫倒壊により使いものにならないということや、被災した社員の安否がつかめない状況であることが判明してきました。さらに震災直後の物流マヒが始まると、原料調達・商品供給がままならず、操業再開のめどもつかないという大変な危機に直面していきました。

翌日会社に行くと、案の定社員は揃っておりません。そこで、なんとか出社していた数名の社員に、社員の安否の確認、幹部の主力工場への集中、被災者への当社製品の寄付、の三つを指示いたしました。しかし、幹部を主力工場に集めることは、交通事情の悪さから困難を極めました。私は「無事なら何がなんでも来るように」と指示を出し続け、結局三日目になって、ようやく組織対応ができるところまで漕ぎ着け、本格的な対策に動き出しました。

なんとか工場の操業再開を果たし出荷が始まると、今度は「あそこは地震の被害で商品が切れている」という風評が拡がり始めました。当社の製品は全国のスーパーマーケットで販売されていますから、この話を聞いて、「なんとしてでも商品を切らさない、無理をしてでも商品を供給しよう」と、お得意様への商品供給を最優先に全社で取り組み、危機を乗り切りました。

私がここまでこれたのは、私を支えてくれた社員の頑張りが第一です。被災した社員の安否の確認、奇跡的にも社員やその家族に死者は出なかったものの、救済という最優先事項は、無事だった社員が不眠不休であたってくれました。また、隣人、盛和塾の仲間の援助にも助けられました。本来のライフラインは水道であり、電気であるわけですが、究極のライフラインは隣人との関係だと思い知り、今は心の底から沸き上がる感謝でいっぱいです。

しかし、私自身、このような判断を迷うことなく行い、次々と指示ができたわけではありません。情報がない中、難しい判断の連続で、今思えば反省することばかりです。この時ほど経営者の力量を試されたことはないと思います。そこで最後に、塾長にお伺いしたいことがあります。

第一は、このように自分自身が見たことだけを頼りに判断を下さざるを得ない状況でも、経営者としては瞬時に判断を下さなければなりません。それは直感に頼る部分が大きいと思います。果たしてこのような直感力とは後天的に養えるものでしょうか。

第二に、恥ずかしいことですが、私自身状況が分かっていく過程で、大変な恐怖感に襲われました。果たして冷静な判断ができていたのかということになると、今もって不安を感じます。そこで、危機に臨んでの経営者とはどういう心構えが必要なのでしょうか。

最後に、この災難そのものをどう受け止めるべきなのでしょうか。

以上、非常事態における経営のあり方、危機の乗り越え方につき、アドバイスを頂戴いたしたいと存じます。

塾長回答

ポジティブに受け止める

最初に震災で亡くなられた方々のご冥福をお祈り申し上げ、被災されたすべての方に、改めてお見舞いを申し上げたいと思います。

さて、大変な震災に遭われて、大変なご苦労をされた。いろいろと質問をいただきましたが、そういう経験のない私が、貴方に的確な指導ができるか心配です。

最初のご質問ですが、災害の最中には的確な判断力が求められるが、そのための直感力はどうしたら高められるか、ということでした。

そもそも直感力というのは、災害の時発揮され、養われるものではありません。我々経営者が日常仕事をしている時に高めるものなのです。なぜなら、会社も業績も、過去の経営者の判断がインテグレート（集積）されて現在があるわけで、三回は正しい判断をしてきたが、二回は失敗だったということになれば、結局、会社は立派にはならないからなのです。経営者は、平常時でも災害時でも、常に正しい判断ができなければならないのです。逆に言えば、そういう厳しい、ミスのない判断を常に強いられているのが我々経営者なのです。

さすれば、直感力、つまり判断力を研ぎ澄ますにはどうすれば良いのでしょう。中村天風先生は、人間の行動は「有意注意」と「無意注意」の二通りあるが、心して自分の意識を注入する、「有意注意の人生」が大切だと説いておられます。

仕事における判断とは、簡単な判断をする時は軽くあしらい部下任せで、重要だと思った時だけ十分に検討する、というのが一般的なのでしょう。しかし、判断とはどんなものでも重要なのであって、日頃いい加減な判断をしていては、いざ鎌倉と力んでみても良い判断は下せないものなのです。有意注意の習慣を持って仕事をしているからこそ、いざという時直感が働くのです。そのためには、最初の頃はとにかく「意識を注いで判断するのだ」と、思い続けるしかないと思います。思い続けて頭の中にデポジット（しっかりと定着）されればしめたものです。

私は社内では、仕事の話を何かのついでに報告したり、廊下ですれ違いざまに報告しようとする人を厳しく叱ります。というのは、私は別の目的があって行動しているわけですから、そういう注意が散漫になっている状態で話を聞き、判断するのは非常に危険だと考えているからです。

判断力を研ぎ澄ますのは毎日毎日の「有意注意」です。どんな些細な判断でも真剣に、一生懸命考えて下す習慣によってのみ、判断力、直感力が養われるのです。私は創業以来、本当に真剣に物事を判断してきました。その結果、自分でも驚くほど説得力のある結論を導きだし、部下に説明ができます。一瞬、一瞬気を緩めることなく、恐ろしい集中力でやってきたから、自然と身についてきたのだと思います。

次のご質問は、危機に臨んでの経営者の心構え、恐怖心に打ち勝つにはどうすれば良いのか、ということでした。

結論から言えば、「勇気を持って事にあたること」、これに尽きると思います。まず、

「心を落ち着ける」ことです。そして、これが一番大切ですが、「勇気を持って事にあたる。決して卑怯な振る舞いをしない」ということです。姑息な手段を講じて現状に負けてはなりません。そして、こういう修羅場の中でも「謙虚な気持ちでいる」ことです。謙虚さをもって事にあたれば、きっとその中から学ぶことがあります。最後に「神仏のご加護を信じる」ということだと思います。

しかし、私はこういう大変な災害に遭遇して恐怖心が出ない人の方がおかしいと思います。特に前述のような有意注意の人であれば、神経が細かいはずですから、恐怖心が出てきて当然です。

私ももともとは恐がりでしたが、真剣勝負の修羅場を何度もくぐることによって度胸をつけてきました。これも日頃からのトレーニングが要ると思いますが、恐怖心というのは、トップだという義務感とか、もうあとへは退けないという責任感で抑えることができるものなのです。

最後に、災難をどう受け止めるかというご質問でした。

以前より私は、「災難に遭うということは、前世も含めて自分の魂が過去に積んできた業《ごう》が消える時です」と、申し上げてきました。業とはカルマ、すなわち原因、因縁です。

したがって、「災難に遭った時は喜びなさい」とも申し上げました。

しかし貴方は、大変な災難に遭いながら、自分や家族は無事で運が良かった、従業員やその家族に亡くなった方がいなかったのは幸運だった、とおっしゃっています。実は、このことがとても大切なのです。災難に遭ったのは仕方のないことだと割り切って、少しも悲観せず、逆にこの程度で済んで良かった、業が消えて良かった、と思っていらっしゃるからです。

そして、さらに貴方は、感謝するという心境になった、ともおっしゃっています。これも大事なことです。感謝の思いは人間を利他行の実践へと駆り立てるからです。利他行の実践は、人間に素晴らしい人生を約束します。貴方は、他人から見れば大変な不幸に遭われたのに、目の前の他人の方が可哀想だ、何とかしてあげたいと思う気持ちから、人に対する優しい思いやりが自然にできるようになってきた、とおっしゃっています。この実践を続ければ、必ず貴方の運命は素晴らしく展開していくはずです。

このことは、私がいつも説く人生の方程式（人生・仕事の結果＝考え方×熱意×能力）からも証明できます。すなわち、災難に遭ったことで、たとえ能力は変わらなくとも、熱意が今まで以上に高くなり、前述の如く、考え方が感謝に目覚め、利他心にあふれていますから、結果が悪かろうはずがないということです。

つまり、災難をどう受け止めるかで人生は変わってくるということなのです。結果はここで分かれるのですが、災難を克服するのはポジティブな考え方なのです。災難に遭ったためマイナス思考に陥ると、恐怖心から、精神的にも大変弱くなってしまいます。そういう人は、人から愛を受ける側に回って、埋没してしまうのです。

こんな話を聞かれたことがあると思います。「成功する人は、必ず死線をさまようような大病をするか、大きな挫折を経験しています。決して幸運に恵まれることの連続という人生ではなかった」ということです。松下幸之助翁が「血の小便が出るようなことがなければ一流の経営者にはなれない」と言われたとのことですが、本当に悩んで苦しんだ人は、強靭な精神力が養われるから強いのです。

災害・災難をポジティブに受け止めるか、ネガティブに受け止めるかということによって、人生は一八〇度変わってきます。このことは、歴史上奇跡といわれるような成功例、どん底からの復興など、すべてに共通します。災難に遭ったことをラッキーだと捉えれば、人生は変わってきます。「ポジティブに生きれば、神のご加護もあるものだ」と心に抱いて、是非明るい心で頑張っていただきたいと思います。

第二章

業容拡大を実現させる

塾生質問

1 伸びていく社風づくりとは

私はOEMによる食品加工業を営んでおり、社員約四十名とパート約七十名を雇用いたしております。近年は売上・利益とも、じり貧傾向にあり、特に利益の方は赤字に転落しており、早期の業績回復が課題です。

さて、「伸びていくための社風の形成をいかにすべきか」につき教えを請う次第でございます。

私は三代目の経営者として、五年ほど前に父より事業を引き継ぎました。私は経営の成果というものは、各製造現場、営業現場あるいは事務部門に配属した社員に負うところが大きいと考えます。だからこそ部下と思いを共有し、互いを理解するような人間的な結びつきが必要であり、心とか哲学といった問題が経営に重要なのだと考えております。

そこで、社長に就任して以降は、社会貢献を旨とする経営理念を掲げ、全員一丸となって積極果敢に行動する社風を目指して参りました。徹底のための啓蒙には特に重きをおき、朝礼・会議には時間をかけて終始一貫して理念に沿って社員を説いて参りました。

しかし、社員の態度は理想とはほど遠く、業況不芳《ふほう》の状況にあっても、会議中には積極的な発言がないばかりか、言い訳ばかりが目立ち、業務遂行・結果に対する責任感が希薄で物足りません。社風づくりも日夜努力を重ねておりますが、目立った成果がみられません。

私の力不足が原因ですが、父の代より引き継いだ業界の役職による会合をこなす一方、会議・予定外の来客等で忙殺される中、精いっぱい努力をいたしております。どうか、人心掌握の要諦、社員の腹に落ちる社風づくりのため、私自身がどう勉強し、どう行動すべきかをご教示下さい。

塾長回答

現場主義を貫く

貴方は三代目経営者として大変良く勉強しており、立派な経営理念もつくっておられます。しかし、貴方が今しなければならないことは理念の徹底ではなく、現場を良く知ることなのです。

貴方は、「仕事の成果は各製造現場、営業現場あるいは事務の現場にある」とおっしゃる。つまり現場が大事ですとおっしゃっているわけで、そのとおりだと思います。しかし、「成果はそこに配置した社員に負うところが大きい」とも述べておられる。実は、ここがとんでもない誤りなのです。成果を得るためには、従業員ではなく、まず貴方自身がそこに行ってすべてを把握しなければなりません。なぜなら経営では常に、「利は現場にある」からなのです。

貴方の会社はＯＥＭですから、マージンが少なくて、もともと収益的には厳しいはずです。したがって、仕入れが重要ですし、生産性の高さも要求されるはずです。にもかかわらず、誰よりも現場に精通していなければならないトップが、事務所にこもっている。このことが問題です。貴方は、材料そのものを徹底的に吟味して、同業者が知らないような安い仕入れ先を見つけて、自分でトラックを運転して仕入れをする。それはもう社長自身が走り回って、どこよりも安いものを、どこよりも安いコストで仕入れてこなければならない立場なのです。貴社にとって一番大切な場所にトップの目が向いていない。だから、業績がじり貧になっていくのです。

経営理念とは、毎日毎日の経営現場における厳しい追求が行われていて初めて生きてくるのであって、トップの現場への精通なくして理念や社風が先行しても意味がないのです。きっと貴方の会社の社員は、「現場も知らないボンボンが、どこぞで聞いてきた高邁な理念ばかりを説いておる」と、内心馬鹿にしているはずです。貴方の忙しいという理由がその象徴です。業界の役割、来客、会議と、現場主義のかけらもありません。

これは二代目の社長にありがちなことなのですが、二代目、三代目ともなると、先代よりマクロの帝王学は教わっていても、ミクロの現場のことはあまり教わってはおらず、分かっていない方がおられます。創業者というものは、自分が苦労しただけに現場の細かいことから会社全体まですべて分かっていますが、跡を継ぐ人は足繁く現場に出向いて、現場の実態を知る必要があります。そうして現場のことを知っていかなければ、せっかくの帝王学も生きてきません。

さあ、今からでも遅くはありません。現場に出て、現場を良く知って、地に足が着いた状況で危機感を煽《あお》り、会社を立て直して下さい。

ところで、私は常日頃、「経営には哲学が必要です」と説いています。矛盾したことを言っているようにも聞こえるでしょうから、そもそも理念や社風がなぜ必要なのかをお話しします。

トップというものは、誰よりも現場を良く知っていなければならないということは、すでに説明しました。さらに、トップというものは、誰よりも働き、誰よりも厳しい存在でなければなりません。それは、トップ以外に会社に生命を与えられる存在はないからです。

しかし、そういった厳しい追求を従業員に対して行うと、人間関係がぎすぎすしてくるのです。その時初めて、「なぜこんなに厳しくするのか、なぜこんなに高い要求を従業員にするのか」について、理由が必要となるのです。つまり理念や社風です。

私の場合、当初の理念は簡単で、「全従業員の物心両面の幸福を追求すると同時に、人類の進歩発展に貢献する」、これだけでした。ですから、私は志を同じくする従業員に文句が言えたのです。「従業員みんなの幸福のために、私は誰にも負けない努力をしています。しかるに、あなたの態度はなっとらん。いい加減なことは金輪際許しませんよ」と、この一点で事にあたれたのです。

厳しいことを申し上げましたが、「なんかうちのボンボン、最近朝からずっと現場に来てはあれこれ探っておるなと思っていたら、会議になると現場の実態に裏打ちされた指示がポンポン出てくるようになってきたわい、こらたまらん」と、従業員に言わせるよう、努力していただきたいと思います。

塾生質問

2 低収益から脱却するには

当社は包装関係の商品を製造販売いたしております。創業は明治ですが、昭和三年に他に先駆けてドイツから機械を輸入し、紙袋大量生産の草分けになったような会社です。稲盛塾長が学生時代、自転車に乗って紙袋を売っておられたと聞き、不思議なご縁を感じております。

さて、このたびは、当社の収益性の低さを改善するにはどうすべきかにつき、教えを請いたいと、ぶしつけを顧みずお願い申し上げます。

私は、先代社長の急逝を受け、四代目として社長を引き継ぎました。当時の業界は安い化成品に需要を奪われ、倒産も出るほど困窮しておりました。私は、会社立て直しのためには過当競争を避け得る新商品を開発するしかないと考え、デザインの良い環境保全商品を中心に、自社ブランドの開発を決めました。

奮闘努力の結果が、紙製の水切り袋、電気掃除機の紙パックや吸油パック、滅菌パック等の商品です。今では環境保全商品の売上は四十四億円ほどになり、売上全体の四分の一を占めるまで成長いたしております。これらの商品の寄与により、社長就任後の七年間で売上は一五九％増と、他社比ダントツの急伸をいたしましたが、利益は社長就任当時の水準と変わらず二％ほどしかなく、損益分岐点に近い状況です。

私のスタートそのものが困惑の中のスタートであり、利益の低いのは半ば諦めていたようなところがありました。やはり経営者として大切な願望とか、闘魂とかが欠けていたと反省いたしております。経常利益七％を目指し、挑戦をしたいと思っております。どうか良きご示唆をお与え下さい。

塾長回答

値決めは経営

戦前、私の父が、自動機械を入れて紙袋をつくって、家業としておりましたので、何かのご縁があるのだなと嬉しく思いました。

さて、ご質問は「売上はそこそこいくのだが、利益が上がらない。これをもっと良くしていきたい」ということです。品物を見せていただき、技術者の一人として大変面白いと思いました。今後ともますます、こういうものをやっていかれるべきだと思います。

そこで、貴方へのアドバイスですが、実は値決めが問題だったのです。

貴方は新商品の値決めをご自身でされたのでしょうか、部下の方が言ってこられた原価を基準として、売値を設定されたのではないでしょうか。競合品をつくる同業者があれば別ですが、こういう新商品をつくっていかれる企業は、コストを基準に値付けをしてはなりません。新商品はその「価値」によってお客様が喜ぶのですから、使う人がいくらだったら買ってくれるのかという「価値」で値付けをすべきです。貴方の失敗は、粗利、グロスマージンがあまり取れないような値決めを最初にしてしまったことにあるのです。

値決めというのは非常に大事です。なぜなら、利益が出せるところ、その的を射抜くのは本当に針の穴を通すぐらい難しいからです。高すぎてもだめ。安すぎれば売れはしますけれども、利益が出ないのです。理想の値段とは、お客さんが許してくれる範囲で最高の値段でなければならず、それは一点しかないのです。価格というものは一度決めたら値上げできませんから、値決めに失敗すると、その後いくら頑張っても甲斐がありません。ゆえに、値決めはトップが決めなければなりません。「値決めは経営」なのです。

また、売らんがための安易な値下げも、部下に任せてはなりません。私はよく営業マンに言います。「安ければみんな売れるのです。ただし、それでは会社は利益が出ないのです。ですから、お客さんが認めてくれる最高の値段、それでボリュームを売れる人を営業というのです」と。営業の長が先陣を切って値崩れを誘うようなことをされては意味がないのであり、まさにそれは経営者自身が営業の第一線に立って教えなければならないことなのです。

せっかく同業者と差別化する新商品がありながら収益性が悪いのは、前述の値決めに失敗したからです。しかし、一度設定したものは値上げができない以上、今の貴方には合理化しかありません。

コストダウンを成功させるには、「努力という尺度に常識という限界はない」という認識を貴方が持つことです。貴方が製造に、「五%のコストダウンを」と言えば、必ず貴方の前に、「必死に頑張った成果がこの原価です。業界でも○○%の製造原価がかかることになっています」という常識が立ちはだかります。長い習慣、先代からのルール、業界の常識、その辺りをもう一度見直してみる。考えてみるのです。つまり、常識というものを疑ってかかることが必要なのです。

良い例が、円高です。為替レートが一〇％振れる、値上げもできない。それでも、しばらくすると製造原価が下がっているという例は枚挙に遑《いとま》がありません。理由を聞けば、「その間は血の出るような努力をして、何とか落ち着いたのです」という返事が返ってきます。ならば、その血の滲むような努力をもっと先にできないのか、仮に為替レートが一二〇円ならば、一〇〇円と思ってやれば二〇％くらいコストダウンができるはずです。環境が変われば吹っ飛んでしまう常識、こんなものだという常識はどこにでもあるのです。

まず「値決め」。どの値段を採るのかをトップが決めること。次に、価格を下げずに原価を下げることを追求する。収益を回復するには、このようなことを改めて考えてみる必要があると思います。

塾生質問

③社員への利益配分はどう考えるべきか

私は父が始めたぶどう園の後継者となり、その後レストラン、洋菓子店経営に乗り出し、業容を拡大して参りました。当初は年商八百万円ほどの商いでしたが、約二十年で売上四億円、従業員も二十名ほどの会社になりました。

さて、借金も未だたくさんあり、こんな質問をしては叱られるかもしれませんが、わずかではありますが利益が出る体質になって参りましたので、今まで頑張ってきた社員にも少しは利益配分をしたいと考えています。しかし、多店舗展開を図るうえで内部留保確保の必要もあり、バランスの取り方が分からず、悩んでおります。

というのは、当社の目標である売上十億円達成のためには、今後三年以内にさらに三億円ほどの投資が必要であり、全額借入というわけには参りませんので、できれば一億円ほどは内部留保で賄《まかな》いたいと考えているからです。

入塾前には経営とは面白おかしくあればいいのだ、楽しくやろうと考えていた私ですが、友人の誘いで盛和塾に入塾して、塾長より「経営はトップの持つ哲学が投影される。面白おかしく経営をすれば、面白おかしい結果しか得られない」という話を聴き、社員の雇用に責任を持つ経営を目指し、利益改善に努めてきました。その結果、前期はわずかながら利益を残すことができ、今期は一〇％近い数字が得られるところまで漕ぎ着けました。

以上のような状況を踏まえ、利益配分・内部留保のメルクマールがなく、困っております。自分としては、基本的には内部留保を優先し、安定経営を図るべきとは思いますが、利益の三割くらいなら社員に還元しても良いのではと考えております。塾長のお考えをおきかせいただければと思います。

塾長回答

わずかの利益に安住しない

私は日頃より流通であれ製造であれ、「売上の一割くらいの税前利益がなければ事業ではない」と言ってきました。それを忠実に守って、今期は一〇％の税前利益が上げられるところまでこられた貴方は大変立派です。しかし、私は売上に対して一〇％の税前利益はミニマムだと考えており、決してゴールであるとは考えていないのです。

今まで数％くらいしか利益が出ない経営をやっておられた方が、一〇％も利益が出ると、なにか暴利を貪《むさぼ》ったといいますか、大変儲かったように感じるようですが、利益というのはご承知のとおり、中小企業の場合でも、その半分は税金に持っていかれてしまいます。会社には半分しか残らないのです。

したがって私は、中小企業の場合、利益というのは将来の賃上げを保証できる原資がそこにあるということに過ぎない、と考えるべきだと思います。というのは、賃金というものは、大会社なら定年で辞めていく人と新卒で入ってくる人がイーブンであれば、多少賃上げしてもトータルの賃金はあまり変わりません。ところが、貴方のように社歴の若い会社では、定年退職者がいませんから、賃上げが即コスト上昇につながってくるからです。

たとえば、売上に対しての人件費比率が四〇％の会社が毎年五％の賃上げをすれば、そのコストは売上に対して毎年二％に相当します。もし、売上・利益が横這いなら、来年の賃金は対売上比二％上がりますから、利益は八％に減ります。すると、利益は四、五年経てば出なくなってしまうわけです。つまり、一〇％の税前利益があるというのは、将来世間並みの給料を払うことについて、五年間の保証があるということを意味するに過ぎないのです。

ですから、貴方が世間並みの給与を払い、ボーナスも夏冬出して正常な賃上げもしている以上、利益が出たからといって、なにも即利益配分をしなければならない、と考える必要はないと思います。

ただし、貴方に、「せっかくここまで頑張ってくれてこれだけの成果が出たのだから、何とかお裾分けをして、みんなに喜んでもらいたい」という優しい思いやりがあって、どうしても配分のメルクマールが欲しいとおっしゃるなら、税前利益が一〇％あることを前提に、利益の一〇％、すなわち売上の一％を従業員の特別賞与に充てたら良いでしょう。

こう申し上げると、貴方は少な過ぎるのではないかとお考えになるかもしれませんが、そうではありません。これを貴方が言うとおり利益の三割、つまり売上に対して三％出そうということになれば、残り七％の利益に税金がかかりますから、会社に残るネットの利益は売上に対しては半分の三・五％となります。つまり、従業員に払った特別賞与と利益は、三％対三・五％の比率になりますから、ほぼイーブンになってしまうのです。世間ではこれを「大盤振る舞い」というのです。

次に、内部留保ですが、今後も五億円くらいの売上で一〇％の税前利益が出るめどが立っているとすれば、税引後で二千万円以上の利益が残りますから、五年もあれば、目標の一億円に到達するはずです。さらに、今の増収体質を維持できれば、五年ではなく三年くらいで一億円の内部留保はできるでしょうし、税引後の利益だけでなく、設備償却も再投資の原資に考えれば、おそらく設備投資予定額三億円の半分くらいは自己資金で賄える計算になるでしょう。

ですから、貴方の場合、今後売上が増えても、売上高税前利益率を一〇％確保していくことが肝要です。さすれば、従業員にも税前利益の一〇％ぐらいをボーナスとして出してあげられるだろうと思います。

「利なくして商いなし」とも申します。儲からない事業など、この世にはないのです。儲からないのは、初めから儲からないと思い込んで経営している経営者の心に問題があるのです。

わずかの利益に安住せず、経営を伸ばして下さい。

塾生質問

4 急成長時の設備資金調達をどうするか

当社はコンクリートブロック・壁材の製造販売を手掛けております。

さて、本日は設備投資の是非、資金調達の方法をご教示いただきたくお願い申し上げます。

当社の創業は昭和三十七年で、父が大手メーカーの下請けとして旗揚げしました。その後は順調に業績を伸ばして参りましたが、四年前、親会社の意向で設備を増設し、生産量を倍増させた途端、一方的に親会社から切られてしまいました。

私は、その時期より社長を引き継ぎ、独立独歩で自社製品を製造販売してきました。親会社からの取引停止は当初相当こたえましたが、商品の絞り込み、工務店への直販戦略等が功を奏し、今期までの四年間で約三倍の売上を達成しました。利益の方も三年前より赤字を脱し、近年は二〜三％で推移しておりましたが、今期は一〇％近くを計上できる見通しで、今、節税対策で頭の痛い状況です。

ところで、私はこれから三年以内に売上三十億円企業の達成を図りたいと思っています。しかし、好調な受注を反映し、生産設備はフル稼働の状況で、人的にも無理な労働を強いている状況ですから、目標の売上を達成するためには、四億円ほどの設備投資と、十二名ほどの増員が必要になります。

しかしながら、あまりに急激に成長したため、運転資金需要も旺盛で、財務体質は窮しております。できれば一、二年は設備投資を避けたいというのが正直な気持ちですが、さりとてこの生産設備では売上増加も見込めません。

そこで、これを千載一遇のチャンスとして捉え、設備投資に踏み切りたいと考えております。資金調達の方法等、アドバイスがあれば頂戴したいと存じます。

塾長回答

利益率一〇%は当たり前

貴方は親会社から切られるという大変苦しい状況からスタートして、その後うまく舵取りをされ、売上・利益とも回復させてこられました。さらに今の受注動向からゆけば、設備投資さえすれば目標の売上三十億円も望める状況にあるとおっしゃる。しかし、担保力も乏しく資金調達が難しいので、このような時にどうすべきかというご質問です。

結論から申し上げれば、設備投資・人員の増強は避けるべきだと思います。今貴方がやるべきことは、まず収益性を高めることなのです。

その場合、一番問題だと思うのは、「節税に頭を悩ましている」と、貴方がおっしゃっていることです。「税金は経費と考える」――すなわち「一億円残したかったら、二億円の利益を出す」――これは、盛和塾入門の第一番で、盛和塾の原点と心得ていただきたいのです。税金を納めまいという姑息なことは絶対思ってはいけません。そういう会社は永遠に中小企業です。会社が小さいうえに節税しようと一生懸命考えるから、ますます会社が小さくなってしまうのです。

以上を踏まえて、まず申し上げたいことは、流通であれ製造であれ、「売上の一〇%くらいは税前利益がなければ事業ではない」ということです。なぜなら、一割の利益も出ない事業をそのまま拡大成長させていきますと、非常にリスクが大きくなるからです。

例えば、売上が二十億円で税前利益一〇%というと大変儲けたように思うかもしれませんが、そこから半分が税金として引かれます。二億円の儲けなら一億円しか残らないわけです。ところが、貴方の会社のように年間二十億円も売っていて、しかも売上が急伸しているとなれば、当然売掛金というものが溜まります。よほど経理がしっかりしていない限り、売掛金の回収が滞り、儲けた以上に売掛金が増えているということになりがちです。最低限度の利益率で、手元のキャッシュも少ない状況では、設備投資をするなど、とてもできないはずです。

利益率が良くなければ設備投資ができないということは、貴方も分かっておられるはずです。高い収益性がなければ、たとえ資金調達ができても、償却や金利負担に耐えられません。ですから、税引後利益の範囲内でしか、実際には設備投資や増加運転資金を見込めないのです。

創業して二、三年目のことですが、私の場合にもこういうことがありました。金融機関に借入を申し込みましたが、担保がないと断られたのです。その時使ったのが売上利益率です。

私の場合、初年度から売上利益率は一〇%くらい出ていましたから、「我々みたいな本当のベンチャー型企業なら、担保がないのは当たり前ではないか。売上と利益という私のパフォーマンス、過去の実績を評価して貸して下さい」と、支店長に直談判しました。その結果、支店長が、「わかりました。では、貴方が買った設備を担保に、持ち込み担保という形で融資しましょう」と言ってくれました。その時金を借りることができたのは、当時で約一五％の利益率があったからです。

貴方の場合、赤字から脱却してほんの数年です。売上利益率の実績もわずかに三％くらい。ところが、初めて一〇％近く出るかもしれないという利益さえ節税しようとしています。やっと出た利益まで隠そうとするから銀行が信用しないのです。今からちょうどダイナミックな伸び方をしようという時に、商機を逸するような気がするかもしれませんが、本当に会社を大きくしようと思うなら、ここで踊り場をつくるべきです。

今時の金融機関なら、資産があっても業績が伸びない会社より、たとえ資産がなくともパフォーマンスが良く、将来性がある会社に融資をしたいと考えているはずです。利益率を高めて会社の信用をつくり、リザーブした利益で次の設備投資をしていく方が、はるかに堅実であると思います。

塾生質問

5 拡大路線と借入金増大のバランスをどう図るべきか

当社は化成品の液体輸送を中心に運送業を営んでおります。

さて、積極投資を行い拡大路線を図る、実兄でもある二代目社長の経営方針に危惧を感じており、ご相談を申し上げる次第です。

当社は現社長の方針で、五年ほど前から、相次いで設備投資を行って参りました。具体的には、倉庫用地として土地二ヶ所を購入したほか、九州に運送子会社を設立、さらに得意先の進出に合わせ、北陸に化成品の加工工場を設立し、製造部門を持つなど、五年間で総額十六億円の投資を、ほぼ全額借金で実施してきました。内訳は倉庫・工場の土地取得費用が十億円、工場設備資金が六億円で、今後もこれらの投資に伴い、追加借入が発生する見込みです。

当業界は零細企業が乱立し、競争が激化しております。将来生き残るためには、ある程度の規模と基盤が必要であり、拡大方針も焦眉《しょうび》の急となっております。確かに当社は、兄の先行投資が奏功し、増収増益基調にあります。県内の業者が総受注の減少で売上を落とす中、当社は過去三年で売上を十六億円から二十億円へと伸ばしてきましたし、利益も五千万円から一億六千万円に伸ばしてきました。しかし、昨年より稼働し始めた化成品工場は、売上・利益とも予定を下回り、あてにした近隣工場からの受注も伸び悩んでおります。

当社の本業である運送は、利が薄く、コツコツと働くだけしか道のない業種の最たるもので、急激な利益拡大は望めません。新規で進出した化成品製造も、基礎工程だけに、今後輸入品に押される不安があります。莫大な借金から生じる金利負担や、過大な設備から生じる償却負担の重さに耐えられるか、心配でなりません。

私は一度とった拡大方針は中断しても、借入金の圧縮を図り、社内が充実した段階で改めて業容拡大を図るべきだと考え、たびたび役員会でも問題を提起してきました。しかし、兄や幹部に一笑に付されてきました。彼等を説得するにはどうしたら良いか、ご相談を申し上げます。

塾長回答

会計が分からなければ経営者になれない

貴方は盛和塾に入って勉強し、経理について非常に保守的な考え方を持つ私の意見に影響されて、「借入金が多いのは罪悪だ」という発想をされたのだと思います。しかし、お兄さんの打たれた手は、金利情勢が今の程度で進むなら、あながち間違ってはいないと思います。数字を拝見する範囲では、お兄さんは売上も伸ばしていますが、貴方が心配する償却・金利負担に耐えながら、利益率も向上させているからです。

もちろん、設備投資に加速度がついている、借入過多ではないか、という貴方の心配も正しいと思います。しかし、おそらくお兄さんは、貴方よりはもう少し経理が分かっておられ、自分の経営に自信を持っておられるようですから、漠然と会社が危険な状態にあるという指摘をしても、聞いてはもらえないでしょう。したがって、事が数字の話ですから、数字でお兄さんを納得させなければなりません。そのためには、貴方自身が経理計数に強くなる必要があるのです。具体的には損益計算書が読めるようにならなければなりません。損益計算書の分析能力が高まれば、説得力もつくのです。

では、損益計算書の読み方を簡単に説明します。まず貴社の場合、運送業と加工業と二つの事業の損益計算を別々にする必要があります。すると、それぞれに売上が立ちます。売上から直接コストと販管費を引いたものが営業利益となります。直接コストの中で、設備投資の健全性をチェックできる指標は償却です。これを事業別、すなわち、運送なら自動車、加工業なら工場と、別々に売上に対し把握してトレースするのです。そして、売上伸長率より償却の伸長率が大きければ、「設備投資は行き過ぎだ」と指摘するのです。

次に、営業外損益のチェックに移ります。営業外費用の中で設備投資の健全性を測るメルクマールは当然金利です。したがって、金利についても事業別にトレースし、伸長率が売上の伸びを上回れば、当然返済原資である利益は減るわけですから、「借り過ぎだ、設備はセーブしよう」と言えるわけです。

売上から直接コスト、間接コストを引いたものが営業利益になる。営業利益から営業外収益を引いたものが経常利益になるのです。健全経営を目指そうとするなら、借入金の返済原資は償却＋税引後利益しかありません。

土地購入の場合は償却がありませんから、銀行借入金でも手持資金でも、要はキャッシュフローが回れば良いのですが、工場設備は、金利に加え償却がかかってきます。ですから、貴方が具体的にお兄さんを説得するには、貴方自身が事業別に損益計算書をつくって、償却と営業利益、金利と経常利益の増減を把握する必要が絶対あるのです。

最後に、貴方の漠然とした心配が、心配し過ぎとはいえない、という理由について説明します。それは、現在の金利が史上最低だからです。金利情勢が変わって倍にでもなれば、利益はいっぺんに吹っ飛んでしまいます。漠然とではなく、昨今の金利情勢を前提にして心配するなら、ブレーキをかけるべきでしょう。

私は、「利益率は一〇％以上なければならない」と、よく申し上げますが、二十億円売り上げるなら、二億円の税前利益は最低なければいけません。借入が多いなら、なおさら必要です。ですから、貴方は、こう言えば良いのです。「兄さん、これだけ設備投資をしてもなんとか利益が上がるのは、金利が安いからだ。昔みたいな高金利になったら、利益は吹っ飛んでしまうかもしれないよ。だから二十億円売れたなら、せめて一割の利益が上がるような、業容の拡大と同時に、利益率も上がっていくような経営を目指そうよ。そして、償却の範囲できっちり返済をして借金を減らし、利益を蓄積して内部留保で投資ができるような経営をやろうよ」と。

私は、「経理を知らない者は、真に立派な経営者にはなれない」と考えています。ですから幹部には、決算書の内容を説明し、損益計算書や貸借対照表の見方まで解説してきました。

ところで、私は、京セラの設立を支援して下さった西枝一江《いちえ》さんという方が貸して下さった一千万円を運転資金に京セラの経営をはじめました。西枝さんは、「家屋敷を担保に入れてお金を借りました。でも、ええんですわ。家内も、『いくら若くても、お父さんが惚れた人の役に立てるなら本望ですよ』と言ってくれたので」と、言われたのです。ですから、私が失敗すると、西枝さんは家屋敷を取られてしまう。今の貴方と同じで、借金が怖くて仕方なかったのです。

ところが、初年度三百万円の利益が出て、これで借金は三年で返せるなと思ったら、「利益の半分は税金ですよ」と、経理の人が言うわけです。「まだ借金があるのにそんな馬鹿な」と思いました。技術屋出身で、当時経理のことなど全く分かっておりませんでした。

結局、利益処分等をして手許に残ったのは、わずか百万円でした。その時私は、借金返済に「十年もかかるのか」と、気が遠くなる思いでした。西枝さんからは、「事業というのは、借金をして拡大していくことなのですよ。金利と償却に耐えられればいいのです。

そんな心配しなさんな」と諭されました。それでも「返したい」と申し上げたら、「所詮いい技術屋でも、いい経営者にはなれんわ、あんたは」と笑われました。

しかし、結局この思いが元になり、借金しないで拡大していく、今日の京セラの無借金経営の方法を考え出したのです。私が経理を勉強してつくった京セラ会計学と、管理会計システムであるアメーバ経営がそれです。

盛和塾で会計学の原則をしっかり勉強されて、今の思いを持って頑張れば、きっと会社は立派になります。どうぞ、ご兄弟でしっかり経営なさって下さい。

塾生質問

6 先行投資のタイミングはどう考えるべきか

当社は輸入車販売会社です。私は二代目社長として七年目を迎えました。

さて、私は五年で売上を二倍にしたいと考えており、そのための先行投資についてご意見を拝聴いたしたく存じます。

まず当社の業績ですが、社員の努力、そして何よりもお客様に助けられ、過去三年連続しての増収で、昨年度初めて売上高三十億円を達成、利益も初めて五％台に乗せ、販社としては盛和塾で及第点をいただける水準になったと思っております。

私共の組織は現在三店舗で、従業員四十五名、内セールスマン十五名を有しております。セールスマンは一人平均で年三十台、年間合計約四百台余りを販売しております。販売台数を増やすには、セールスマン一人あたりの販売台数を増やすか、セールスマン自体を増やすしか方法はないのですが、セールスの能力は才能によるところが大きいので、人を増やして、年三十台ほど売る平均的なセールスマンを、三～四年かけて育成するしかないのが現状です。

私としては、いたずらに拠点を増やすような安易な投資は避け、販売台数を倍増させるための採用を毎年五名程度実施し、陣容を確保したいと考えております。この規模ですと、店舗を増やす必要はありませんが、サービス工場は必要かと思いますので、新設すれば一億円程度の追加投資は必要かもしれません。

確か塾長は、「投資は後追いで、投資をして売上を伸ばすのではなく、現在の設備が限界になったあと、初めて投資をせよ」と、指導なさっていたと思います。

しかし、当社は販社であることから、売上を伸ばすための人材確保と教育は、たとえ一時的に利益を落とすことになっても先行させざるを得ません。ですが、景気が悪くなってからでは遅いと思う一方で、せっかく向上した利益水準が低下したら心が揺らぐのでは、という不安もあります。

塾長の指導をいただけたら、強い心の支えになります。ご指導よろしくお願いします。

塾長回答

筋肉質の経営に徹する

先行投資を行いたいが、私がかねてより「新規の投資は足許を固めてから」と戒めているので、逡巡《しゅんじゅん》している、意見が欲しいというご質問です。

実は、京セラには、以前の経理部長が私の経営思想をまとめた『京セラ会計学の原点』というものがあります。貴方が勉強されたことは、この中の重要な一節に述べられているものなので、貴方の質問に関連する部分を引用します。

「固定費の増加を警戒する」という項目です。

「社長はよく損益分岐点を図式にして説明をし、固定費の増大について注意をされた。固定費の増大となる設備投資には非常に慎重で、稟議書などもなかなか決裁をされなかったが、一旦必要と思われたものは驚くほど果敢に決断された。また、特に人員の増加も固定費の増大となるので非常に警戒され、特に間接人員の増大については厳しくチェックされた」

貴方の計画は、確かにこの一節にある「固定費の増大」にあたりますから、貴方が人件費が増えるのは危険だと心配していることは、無理からぬことですが、私は現在の日本の自動車市場の事情を考えると、輸入車は今後もっと普及するだろうと思います。値段も安くなってきて、外車に対する感覚が非常にポピュラーになってきましたから、ここで先行投資に踏み切るのは、タイミングとして非常に良いと思うのです。

ですから、五％の利益水準が保てるなら、勇気を持って先行投資に踏み切ってもいいと思うのです。「毎年五名程度、徐々に増やしていこう」という貴方のステディな考え方は非常に良いと思います。

私はこう考えたのですが、貴方は現在三店舗に総員四十五名を配置しておられます。セールスマンは十五名ですから、三分の一がセールスマンです。つまり、セールスマン一名は、自分も含めて一人で三名の社員を養っているわけです。現在年間三十台売って、約三名の人を養っているのであれば、新規採用した人が車を十台売れば、自分の給料は出るということになります。したがって、十台売れるまでが会社のロスとなりますから、利益の中から補塡しなければならなくなります。

新規採用のセールスマンの一年目の売上がゼロ、年給四百万円と仮定して金額換算すると、初年度は五名で年二千万円の人件費が、まるまる利益から吹っ飛ぶことになります。

しかし、彼等が一年後に一人十台売れるくらいまで成長すれば、利益は元に戻ります。ただし、この時点では利益率は一旦低下します。しかし、仮にその後の二年間で三十台売れるような人材養成ができるなら、利益率は飛躍的に向上することになります。十五名で四十五名養っていたのに比べれば、今度は二十名で五十名を養うわけですから、グンと楽になるはずです。この繰り返しでやっていけるのであれば、現在五%の利益率は、今の倍売っても一〇%くらいまではすぐに達します。ただし、間接人員は増やさないという条件付きです。

ところが、一般的には、セールスマンを増やすと総務の人が必要だ、間接人員が増える、ということになりがちなのです。さらに、今度は整備が必要だ、センター設備が必要だとなれば、結局、利益率は伸びません。貴方にしても、「人を増やせばサービス工場は必要かと思います」とおっしゃっています。「売上が増えれば経費が増えるのは常識だ」と、やはり思っているのです。しかし、こういう投資こそ後追いで良いのです。

私が、塾生の皆さんに、「売上を最大限に、経費は最小限に」と、指導している意味は、「徹底的に経費を減らして売上を増やす」ということなのです。貴方は、現状の間接人員と設備で、セールスマンを増やすということを徹底的に考えるべきです。常識を破り、会社の体質を変えなければ、決して収益率は向上しません。

ベースには売上に対し五％の経常利益をおいて、間接人員の増加に警戒を払うなら、貴方の計画は大変時宜を得ているだけに、必ず成功すると思います。勇気を持って実行して下さい。

第三章

社員のモチベーションを高める

塾生質問

1 ベテラン社員の自己啓発意欲をどのように高めるか

私は、親の代より、公共事業関連の用地買収に伴う移転補償や、騒音や振動問題への対処などを扱う、補償コンサルタント業を営んでおります。実は、当社のベテランコンサルタントの自己啓発意欲、具体的には資格取得意欲をどう活性化させたら良いか悩んでおり、ご指導を仰ぐ次第です。

当社のクライアントは公共工事を行う官公庁が主体です。最近は景気低迷の影響を受け、一層官需の受注競争が激化してきております。環境問題を反映してか、官公庁のコンサルタント会社に対する質の追求は年々厳しくなってきており、最近では、業者のレベルを一級建築士などの有資格者の数でランク付けをし、業者選定を行うようになって参りました。したがって、指名されるためには実績や営業力以外に、有資格者の数を増やすことが求められてきています。

しかし、私が示す売上目標に向かっては残業や休日出勤も惜しまず、大変よく頑張ってくれるベテラン社員に資格取得意欲が欠けるのが悩みの種です。意欲が上がらない原因は、歳をとっての勉強がしんどいこと、経験が物をいう仕事だけに、資格がなくてもこなせるといった側面があるためです。

私自身は率先垂範が大切と、一級建築士をはじめ幾多の資格を取得し、今もチャレンジを続けております。一時は資格を取るのは若手に期待し、ベテランを諦めることも考えましたが、ベテランこそ技術者としての王道を歩み、鬼に金棒という状況をつくるのが会社にとって理想と思い、また、若手の資格取得者が増えては、組織のピラミッドが崩れ、彼等自身の居場所がなくなるとも考え、彼等に資格取得の必要性を説き、励ましてきました。しかし、本人たちが逃げ腰でうまく意欲づけできません。

こういった体質をどのように改善し、具体的にどう啓発していくべきか、ご指導をお願いいいたします。

塾長回答

人は石垣、人は城

貴方自身が優秀な方で、自分自身が率先垂範していろいろな資格を取っておられる。それを理想として、ベテラン社員の方々にも資格を取ってもらおうと一生懸命やっていらっしゃるわけですが、結論として私は、それは非常に無駄なことですし、してはいけないことだと思うのです。

ベテランの方たちは、「私の示した売上目標に向かっては、残業や休日出勤も惜しまず、よく頑張ってくれる」という、もうそれだけで十分ではありませんか。貴方はご自分ができるから、経験も資格も備えれば「鬼に金棒」とおっしゃるが、そんな完璧な人が揃うわけはないのです。歳をとってからの勉強はしんどいものなのです。しかも、ベテランの方たちは経験でこなせることもご存じなのですから、なおさら勉強には身が入らないでしょう。ベテランには若手の指導に回ってもらい、どうしても内部で有資格者がつくれないなら、スカウトを考えられてもいいと私は思います。

ただし、問題だなと思うのは、貴方の資格偏重の考え方です。貴方は「資格が大事だ、大事だ」と思っていますから、この風潮が社内に伝わった場合は、同じ技術者でも、資格がある者とない者で違和感が出てくるだろうと思います。さらに、それを助長するような雰囲気が出てくると、組織が崩れる可能性があるからです。

よく「人は石垣、人は城」といわれますが、企業を城に見立てますと、人は石垣です。城の石垣というのは大きな石だけではつくれません。存在感のある素晴らしい大きい石だけでつくれるのではなく、大きな石と石の間に小さな石が幾つも詰まっているから堅牢な石垣が生まれ、城を支えることができるのです。

能力はあまりないけれど、人物、人間が素晴らしい人というのはいるのです。近代企業を経営するには無駄だと思われるかもしれませんが、それは決して無駄ではないのです。もちろん、近視眼的に見れば能率は悪いし、資格を持っている人ばかりを集めた方が良さそうに見えますが、会社に対して素晴らしいロイヤリティがあって、一生懸命会社のために尽くしてくれる社員がいることは、実際には大変な財産になるのです。「知恵のあるものは知恵を出せ。知恵のないものは汗を出せ」といいますが、それが組織なのです。

私の経験からも、貴方がおっしゃるような、頭が良くて鬼に金棒のような人とは、一生を共にしていくことは難しいと思います。京セラの歴史の中でも、「この人は優秀だ、この人は将来自分の跡継ぎになるのではないだろうか」と思った人で、残っている人はいません。また、京セラの成長を支えた技術革新も、博士号を持つ一部の研究員だけが産み出したものでは決してなく、むしろ一般の研究員や社員の地道な活動の成果の数々が、今の会社を支えているのです。

私は、組織を構成する従業員の見極めについては、従来から以下のように考えてきました。できない人だけれども、その人の気持ちがどうなのか、ということを最初に考えました。その人が真面目で誠実で、何とか会社のために一生懸命働こうというふうに思っているならば、その人を大事にしていこうと思いました。つまり、その人の心情といいますか、人間性と会社への愛着がどの辺りにあるかということを、一番に考えて判断してきました。

ですから、たとえ資格は取れなくても会社に対して素晴らしいロイヤリティを持ち、売上目標に向かっては残業、日曜出勤も辞さず一生懸命努力する人たちであるならば、その親の代からやってきた素晴らしいベテランの方たちを、貴方自身が「素晴らしい人たちだ」と賞賛し、大事にすべきなのです。

貴方がそういう思いを披瀝《ひれき》しさえすれば、組織は崩れるものではありません。もし貴方が、資格を持っていなければ値打ちがないのだという態度を示されるなら、若い者が上を突き上げて、やがて組織は必ず瓦解《がかい》するでしょう。

どうか心して、経営にあたって下さい。

塾生質問

2 3K職種の社員を、誇りを持った仕事集団にするには

当社は、ビルや道路構造物、橋梁などの塗装を業としており、職人九名を含み社員十七名ほどを雇用しております。現在は父が社長で、私は常務を務めており、潰れずに続けば私が三代目の経営者になります。

さて、我々ペンキ屋というのは世間では3K職種と呼ばれております。そういう風潮の中、職場で社員に誇りを持たせるにはどうしたら良いかと悩んでおり、ご相談申し上げる次第です。

仕事に誇り、愛情が持てない理由は、実際の仕事が汚く、きつく、危険であることも事実ですが、むしろこの仕事が世間で格好の悪い仕事の代名詞とされ、できの良くない人間がやる仕事と思われているところにあるように思います。

こうした状況を反映してか、職人のなり手は少なく、中卒者しか採用できないのが現状です。そして、せっかく採用しても一人前になると、同業者に引き抜かれたり、給料の高

いサービス業にとられてしまいます。「プロ・スポーツと職人は金の良いところに流れる」といいますが、当社の職人も生え抜きは一名だけです。

私も以前は職人たちに未来の夢を語り、「立派な仕事をして世間に認めてもらおう」と話してきましたが、徒労に終わるだけですし、最近はこんな業界なんだと割り切って、間に合わせの職人で、儲かる仕事を取って文句の出ないそこそこの仕事をすれば良いと考えるようになってきました。

もともと家業であり、仕方なく受け継いだ、ちっぽけなペンキ屋です。決して自分がやりたくて始めた事業でもありませんが、多額の借金を抱えて後戻りのできない状況です。このような状況の中で、社員に誇りを持たせ、世間の誤解を解くためにどうすべきか、ご指導いただきたいと思います。

塾長回答

大義名分を立てる

貴方は仕方なくしている事業ですと言う一方、社員にやる気を持たせたいともおっしゃる。大変矛盾を孕《はら》んでおり、難しい問題ですが、まず申し上げたいのは、事業が零細だからとご自分を卑下していること、これは絶対にまずいと思います。

貴方は人一人食べていくだけでも大変な時代に、従業員を十数名雇い、その家族を養い、さらに税金を払っているわけですから、社会的には大変立派なことをやっておられるわけです。やはり経営とはそのように厳粛なもので、ご自分の職業を卑下するような行いは天に向かって唾を吐くようなもので、ますます自分をだめにしていきます。

3Kは決して貴方だけのことではないのです。私は京都セラミック（現京セラ）という会社を昭和三十四年に創立させていただきました。セラミックスというのは要は焼き物です。焼き物屋さんというのは大変汚いものなのです。粘土をこねて、焼いて、削っていくわけですし、その埃《ほこり》を吸いますと、肺が汚れて病気になるといわれていました。ですから、貴方と同じ3Kです。しかし、貴方と同じように、しがない焼き物屋だと思っていたら、今日の京セラはなかったと思います。

実際に厳しい職業で、世間体も悪いと感じられたのでしょう。しかし、貴方自身がそう思ってはなりません。たかがペンキ屋と貴方自身が自分の職業を卑下していることを是非変えていただきたいのです。この職業は貴方のおじいさんが始めて、お父さんが跡を継がれ、今度は貴方が継ぐ。「これは神が与えた天職だ」というふうに貴方自身が思い、この仕事を好きにならなければなりません。貴方が天職と思って打ち込んで仕事を好きにならなければ、跡を継ぐ存在でもない従業員が、自分の仕事に誇りを持つわけがないのです。

事実、貴方の仕事は大変立派なものではありませんか。私は化学の出身者ですからよく分かるのですが、鉄というのは大変酸化しやすく、脆いものです。建物にしろ橋梁にしろ、塗装をせずに雨ざらしにすれば、十年もすると錆びて腐ってしまいます。パリのエッフェル塔が百年以上経ってもビクともしないのは、毎年のようにペンキを塗り替えているからで、その作業をしなければ、たちまち鉄骨は折れてしまいます。

ですから貴方は、「世間はしがないペンキ屋と言うでしょう。しかし、世間が言うしがないペンキ屋とは、こういう価値のある仕事をしているのです」と、従業員たちに切々と訴えていく必要があります。決して世間体が悪いのではありません。まず、自分の仕事に大義名分を立てて、どういう意義があるのかを明文化し、その大義名分に対して皆で燃えていこうとすべきです。

次に、お話をきいて、貴方が一番悩んでいらっしゃるなと思ったのは、従業員をまとめ上げられないということです。事業で面白味が出てくるかこないかは、従業員との一体感が出てくるかこないかにかかっています。社長が言ったことに皆が諸手を挙げてついてくる。そのためには、貴方という人間を従業員に訴えていくことが必要です。人間ができていてもいなくても結構です。その人たちを貴方の懐に入れて、自分を分かってもらうようにすることが大変大事です。「この社長とだったら、本当にどんな苦労をしても惜しくない」と、思わせるような人間関係をつくらなければなりません。

それは無制限一本勝負みたいなもので、自分の仕事なら、まず朝から晩まで一生懸命やることです。そして、仕事が終わったら車座になって、できるだけお酒を入れて話をするのです。お酒が入れば心もオープンになりますから、酒盛りをしながら頑張っている人には「お願いします」と言うし、間違っている人には「間違っている」と言う。自分が間違っていれば認めて直す。さすれば酒盛りはコミュニケーションの場となり、最高の人間修養の場になるでしょう。

そういう態度で貴方が接すれば、どんな人間でも必ず変わってきます。決してお酒で釣られるのではありません。一生懸命で、自分たちを大事にしてくれる貴方の人間的な態度に、どんな従業員も心を打たれていきます。わずか十数名の従業員たちではありませんか。泣いても笑っても一緒にやっていく大切な仲間たち、そういう彼等から「なんと良い男よ」と、慕われるよう魅了すること。まずそこからです。

塾生質問

3 高齢化した社員を活性化するには

当社は社歴七十年、年商三十億円、社員五十名の菓子問屋です。二代目の父が社長で、私は専務を務めております。

さて、従来より当社は、いわゆるメーカーブランドではなく、地方メーカーの菓子を中心に扱い、二次卸問屋に納めてきました。しかし、流通革命が浸透し、二次卸が力を失いつつある今、当社が生き残っていくためには、スーパーやディスカウント・ストア等の新規開拓に努め、粗利の取れる直販顧客の開拓を行わなければ先細りは必至の状況です。しかし、高齢化した社員が、私の方針である新規開拓に前向きな姿勢を見せず悩んでおり、塾長に教えを請う次第です。

当社の組織は、近郊部、地方部、地方営業所の三つに分かれております。古参社員は主に各組織の管理者として各部署に配属されており、配下に若手が配置されています。私は営業すべてを統括し、「新規開拓を最重要課題に取り組むこと」と、檄《げき》を飛ばしているのですが、古参社員は私を幼少の頃から知っているせいか、私の言うとおりには動かず、旧来の二次卸からの注文しか取ってくれません。

一方、若手社員は指示どおりに動いてくれ、率先垂範し新規開拓に努める私を助けてくれています。おかげで全体の売上に占める新規顧客の売上比率は、過去三年で三％から一〇％強へと向上してきました。

私は古参社員にも何とかファイトを燃やしてもらいたいと考え、酒など酌み交わしながら説得するのですが、仕入れの方式も違い、バイヤーの歳も若い新規分野では、経験が活かせないためか、敬遠する姿勢に変化がみられません。

私はたとえ歳が若くても、古参新人を問わず人を魅了できる人になりたいと思っており、祖父や親の代から頑張ってくれた古参社員を、言うとおりに動いてくれないからとクビにするつもりはありません。塾長より、高齢化した社員の活性化の方法につき、アドバイスをお願いいたします。

塾長回答

事業の価値を数字で証明する

私のような創業型の人間は、このような話を聴けば聴くほど、二代目、三代目というのは本当に大変だな、もし私がそのような立場になった時、はたしてやれるだろうかと思います。

貴方の会社は、地方のお菓子屋さんが製造しているものを発掘して、二次卸問屋に卸しておられる。しかし、二次卸は時代の趨勢で力を失い、粗利も取れなくなってきた。ブランドものではない珍しいお菓子を扱っているので、新規マーケットで価値を認めてもらえば、粗利も取れて活路が開ける。そこで、古参の方たちを集めて、「今後はスーパーやディスカウント・ストア、カテゴリー・キラー等も含め、直接納めていく方法で生き残っていこう。当社はメーカーものを扱わない卸屋だから、二次卸を通じて小売屋へという流通過程をとっていては競争できない」と必死になって説得するのだが、古参の方たちは慣れ親しんだ二次卸問屋にばかり足を向けて、新規のお客を開拓してくれない。クビにもできないで困っています、ということでした。

しかし私は、この問題は組織を変更し、各部門に独立採算を導入するだけで解決すると思います。したがって、古参の方たちが働かないと嘆く必要もないし、もちろん、クビにする必要もないと思います。

具体的に説明しましょう。まず現在三つの組織内で、並行してやっている二次卸営業と新規営業を組織変更して、マーケット別に分ける必要があります。新規開拓を行う部門は専門営業部をつくって独立させるのです。そのうえで、二次卸部門は地域別に少し細かく分割します。

貴社の売上規模は約三十億円です。すると現在、二次卸が約二十七億円、新規が約三億円ということになりますから、二次卸は五、六部門に分けたら良いでしょう。また、人員についても、貴社の従業員は五十名ということですから、二次卸は古参の方たちを長に一ユニット五、六名で運営させ、新規部門は貴方が部門担当専務となって、見込みのある若手二、三名で運営するのが適当でしょう。そして、それぞれを独立採算にして、売上、粗利、人件費、経費を全部出して、収支、損益を競わせるのです。

つまり、貴方が担当する新規部門が、売上だけでなく利益も伸びており、採算が合っているということ、二次卸部門は収支も損益も悪化しているということを、共に数字で証明するのです。科学的に説明しなければ、お父さんや古参の方たちへの説得材料にはなりません。このように貴方は、「事業の価値を数字で証明する」必要があるのです。

そのうえで、もし貴方がおっしゃるとおりなら、「幹部の方がやっている二次卸部門は赤字ではないですか。だから私が言っているように、新規先を開拓していく必要があるのです。二次卸問屋から小売屋へという流通は今後ますます減っていきます。何の努力もせずに従来どおりやっておっては、どの部門もじり貧になってしまいます」と、説得すれば良いのです。

しかし、貴方がやっている新規部門が、既存部門を切り離したら実は赤字であったということになれば、「専務は何を言ってるんや」ということになるのでしょうし、「今の商売で採算が合ってやっているのに、なんで専務の言うとおり走らないかんのや」と言われてしまうでしょう。

現状、二次卸部門が貴社の収益の根幹であり、そこそこにやっていても採算が合っているなら、放っておけば良いと思います。貴方は若い連中と一緒になって、新規の部門を大きくしていけば良いのです。ゆっくりと部下の若手と一緒に「実力を蓄える」のです。

どうせ貴方が継がなければならない事業です。あてにならない人をあてにして、かりかりしても仕方がないのであり、片手間にやっていた新規開拓を貴方の手許に取り込んで、将来自分が頼みとする同世代の部下を育成するのです。若手人材を全体の中で育てようとすれば必ず摩擦が起きます。ですから、新規部門の中で若手を育成していくことは、将来のためにとても良いことです。

そして、今一割しかない新規部門が成長して、五割になり六割になれば、その時こそ、「二次卸だけでは食べていけない。収益が上げられず赤字なのに、こんなに給料が高いのでは、幹部の方々には辞めていただくしかない」と、古参の方たちに迫るのです。その頃には、彼等は貴方に一目も二目もおいているはずですから、新規でも何でも働かなければ、という気持ちになるはずです。それでもできないなら、「皆さんにはお辞めいただだいて、私の育てたブレーンを幹部に登用します」とすれば良いのです。

私が、冒頭、後継者はつくづく難しいと申し上げたのは、古参の方たちは、貴方のお尻が青い時期から会社の面倒を見てきたわけで功労もあるし、貴方が甘やかされて育ててこられた過程も良くご存じだからです。

もし貴方が、今の状態で古参幹部と揉めますと、お父さんは板挟みになってしまいます。「若い連中の言うことは正しいけれど、長年一緒にやってきた連中も可愛いし」と、悩まれるはずです。

私の場合は創業者で、もちろん年長者ばかりでしたが、皆私のことを尊敬してくれていたようですから、何の問題もありませんでした。貴方の場合は、「何の実績もないのに」と古参の方たちに言われれば、たとえ実力があっても頭が上がらないでしょう。

貴方が、「若くても、皆から尊敬される存在になりたい」と、おっしゃるのは大変立派なことだと思います。ですから、このことは今の貴方と同じ立場にある二代目、三代目の方すべてに申し上げたいことでもあるのですが、貴方が皆から尊敬を集めるためには、今は小さなことでもいいから実績を積み上げていくことが大切だと思います。さらに加えて、謙虚であれば、必ず感心して貴方についていくようになります。

決して慌てることはないと思います。実力を蓄えて、尊敬される経営者になって下さい。

塾生質問

4 哲学を共有できる若手の育成をどうするべきか

当社は明治創業の総合卸業です。現在、酒類、石油、飼料の三部門で合計百五十億円を商っておりますが、規模の割には利益は低い、典型的な同族企業です。

さて、若手人材の育成につき頭を痛めており、ご相談をお願い申し上げます。

私は他社を経て八年前に当社に入社しましたが、近年当社は相場低迷をきっかけに業績が傾き、挙げ句の果てに内紛も起き、社内は大変混乱していました。そんな折、塾長の講話ビデオを拝見し、一念発起した私は、親戚を説得、昨年父に代わり社長にしていただきました。

社長就任以来、稲盛哲学をベースに勉強し、自分の経営哲学を構築する一方、給与も含め徹底したリストラを行いました。新規事業には一切目もくれず、取扱い商品の見直し、経費の削減に主眼を置き、赤字解消に努めてきました。

本年九月の決算で全部門が黒字になり、今は一段落しておりますが、今後のことを考えると、何よりも幹部社員の育成に力を注がねばならないと痛感するようになりました。なぜなら、昔からの番頭さんたちはすでに平均年齢五十五歳と高齢化しているからです。もちろん、リストラができたのは、現在の幹部の忠誠心があったからですが、十年経てば彼等は皆いなくなってしまいます。

私は、自分と同じくらいの年代の社員の育成をと考えておりますが、候補となる有望な若手は、せいぜい五名くらいです。しかし、彼等はただでさえ日常業務で精いっぱいの様子で、時間的にあまりに余裕がなさすぎるような気がします。また能力面でも、私から見ると今一つで、現場で荷を担いで仕事をしている彼等に、塾長から教えていただいた「利他の心」や「宇宙の摂理」の話をしても、とても理解してもらえないだろうとも思います。

私は将来の幹部が、自分の経営理念や哲学を共有してくれねば、社業の発展はないと考えております。時間的にも、能力的にも限界のある若手社員と、哲学を共有するにはどうしたら良いか、ご教示をいただきたく質問いたします。

塾長回答

惚れさせる

私はこのご質問を伺って、貴方は大変偉いと思いました。創業百年を超えるような地方問屋で、赤字が発生して内紛が起き、危機に瀕した状況を見かねて進んで社長になられた。それだけでも勇気があるのに、赤字会社を再建して全部門を黒字化させた。大変立派なことだと思います。

さて、会社を再建して周囲を見回すと、番頭さんだけが幹部におられて、あとは断層があり、幹部候補生がいない。貴方自身も四十歳前で、貴方と同じ三十歳代の人をこれから育てていこうとした場合、候補者が少ないばかりか、能力的にも問題がある。第一、勉強などする時間的余裕がない。どうしたものかというご質問です。

自分に置きかえて考えてみますと、私が京セラを創業したのは二十七歳の時ですから、当然幹部は皆、年上でした。私があまりに若いので、やはり幹部の方にはある程度の年代で、知恵も経験もある方が必要だったのです。ですから、数年後には貴方と全く同じ状況が起きて大変悩みました。この問題は本当の経営をしていらっしゃる方共通の悩みだと思うのです。

私の場合は、何回も試行錯誤を経たあと、ジュニア・ボード・システムという、若手の模擬役員会をつくりました。言葉だけで何の権限もないのですが、英語ですと役員の方には意味がよく分からず角が立ちませんから、そう名づけたのです。そして、私は若手の人に、「あなたたちをあてにして、あなたたちと一緒に将来仕事をしていきたい」と話し、一緒に勉強しながら幹部を育てていきました。私は、貴方にもこのやり方で若手を育てていくことをお勧めします。

貴方の場合、まず番頭さんや同族の方に了解をとることでしょう。「私が社長をやらせていただいて、一生懸命頑張ってきましたけれども、今後はやはり若手幹部を育てる必要があると思います。今ここにいる五名を、権限のない若手経営陣ということにして、私と一緒に学ぶということにしようと思います」と。

そして、貴方が見込んだ五名の人たちに、「私は、あなたたちをあてにして今後経営していこうと思う。とりあえず、私と一緒に勉強してくれないか。だから、まことに申し訳ないが、仕事を終えたら、握り飯を用意しておくから、八時から集まってくれ。また、たまには休みに三時間ほど会社に出てもらうかもしれないが、頼む」と、呼びかけるのです。

するとと、血族でなければ偉くなれない、だから給料さえもらえれば良いと思っていた人たちが、今度の社長は我々に期待している。経営幹部への昇進の道が開けるかもしれないと思い、自覚が出てきます。自覚が出てくると、今までは夜間研修でもすれば、残業代くらい出るのかなと思っていたものが、夜でも日曜でも出ていきますということになります。「あなたたちをあてにしてます」と言った瞬間に、「それだけ頼りにされ期待されるなら、あの社長のために尽くそう」という気になってきます。すると、ない時間でもつくれてくるのです。

もう一つ、能力のことをおっしゃっていたと思いますが、それは考えないことです。貴方がその人たちを信頼すべきです。ただ信頼してその人たちを懐の中に入れて、会社をどう立派にするかということを、とことん話し合うべきだと思います。

今日、京セラは一兆円を超えるような大企業になり、不況下でも高い利益水準を保っております。しかし、その会社を現在率いているのは、京セラを興す前私が勤めていた会社に、高校を卒業して入社し、私の助手として一緒に仕事をしてくれた人たちです。私はその人たちを教育する時、学歴や能力などということは一切考えず、大学時代の教材を使ってセラミックスの授業をし、毎日の仕事のことも含め、それは連綿と教育してきました。結局、その人たちは、あとから入社した大学卒の人たちよりはるかに偉くなっています。堂々と一流大学卒のインテリを従えて役員を務めています。

最後に、もう一つ気になることがあります。それは、貴方が断固たるリストラを進めてきたということです。給与や昇給も、会社の再建ということでドラスティックに削減してきたのでしょう。ですから社内では、貴方の手腕を評価する一方、新社長への反発もあるのではないかと懸念するのです。

したがって、貴方は余計に全従業員とのコミュニケーションをとることが必要なのです。コミュニケーションは、決して将来を嘱望する人との間だけでとれていれば良いのではありません。会社に忠誠心のある社員全員と意が通じていなければなりません。

よく人心掌握の要諦を尋ねられますが、そんなものはないのです。貴方が勉強して辿り着いた哲学を社員と共有するため、全部署に説いて回るしか方法はないのです。

ですから私は、コンパという酒盛りの会を通じて従業員と話をしました。お酒を一杯飲むと、男でも女でも胸襟《きょうきん》を開いてきます。そういう心理状態をつくっておいて、「京セラという会社をこうしたい」ということを、切々と訴えていきました。

後継者は苦労を知らないだけに、ともすればスマートなテクニックを求めがちです。差し出がましいようですが、心配になったものですから申し上げておきます。

塾生質問

5 ナンバー2の要件とは

当社は、飲食店を直営で多店舗展開いたしております。私は二十年ほど前に当社を創業し、以来社長を務めております。

さて、創業以来、事業の拡大にのみ邁進して参りました私も、本年で四十六歳になります。現在、私の片腕といいますか、ナンバー2を育成しようと試行錯誤を繰り返しております。跡継ぎのいない私にとって、ナンバー2を選べば、その者には将来事業を継承してもらわねばなりません。そこで、ナンバー2育成のポイント、留意点をお尋ねしたいと思います。

具体的には、候補となる部長が数名おりますので、まず取締役に登用し、鍛えながら適性を見極めたいと思っております。しかし、会社が小さい頃から一緒に頑張ってくれた同志であり、至らない私を支えてくれた恩人でもある彼等ですが、経営者ということになると、手堅いが人望がない、また社員や得意先に人気があるが仕事がいい加減で任せきれない等、一長一短があるように思えます。

そこで、塾長のご経験から、そもそもナンバー2に適している人物とはどのような人物で、何を判断基準に登用すれば良いのか、また、この男をナンバー2として育てていこうといった場合、どのようにすれば良いのか、そして万一、その者が不適格だった場合、その後の処置はどうすれば良いのか、ご教示いただきたいと思います。

長くワンマンでやってきた私が、ナンバー2候補生としてふさわしい人物を選択した場合、功労のある社員が不満を唱える可能性もあり、社員が納得してついていくような人物を選び、育成したいと思います。よろしくご指導下さい。

塾長回答

才を使う人であれ

社内人事において、ナンバー2として適格だということを、どのような基準で判断すれば良いのか、また、ナンバー2を育てていく場合、どういう点に注意すれば良いか、もしその人が適格でないとあとで気づいた場合、どのような処遇をすれば良いのか、というご質問です。正直なところ、私自身がいつも悩んでいることですから、大変難しい質問です。

まず、貴方のような方は、普通の人が持ち得ない素晴らしい才能を、やはり持っているということを自覚するべきです。ゼロから始めてたくさんの店舗を持ち、素晴らしい経営をされているわけですから。そういう貴方から見ると、普通の人では物足りない。だから、貴方と比肩するような能力の人を後継者として得たいと思うし、いわゆる「やり手」という人を求めがちだと思います。

ところが、やり手だといわれる人に跡を継がすと、能力があるがゆえに、積極経営をして会社をだめにしたり、順調に経営していると今度は傲岸不遜になり、とんでもないことをしでかす、といったことがよくあります。

できれば自分を超える能力のある人に跡を継がせ、会社を伸ばしたいというのは道理ではあります。しかし、安全に事業を継承するということを第一と考えれば、非常に保守的ではあるかもしれませんが、私ならナンバー2の条件に「人柄」を挙げます。心がきれいで、人間として正しいことを貫いていくような真面目な人物を、やはり選ぶべきだろうと思います。

「仁は人の心なり、義は人の道なり」といいます。ナンバー2には、部下に対する思いやりと、トップである貴方に対する思いやりの両方がベースに要りますから、「仁」「義」「誠実」そういうものがある人が選ばれるべきです。もし、実は才能面で物足りないのだがという場合でも、敢えてその人物を選ぶべきだと思います。

よく「才に使われる人と、才を使う人」といいますが、才能というのは人格が使うものだと認識すべきです。「誠実」「公平」「公正」という人格ができていないのに、ものすごく切れるという人は、その才能に自分が使われていることに気づかないで、才能だけが一人歩きをしている人です。その才能を従えるだけの人格を持ち得て、初めて「才を使う人」ということになります。

ナンバー2の要件として次に必要なのは、会計に明るいということです。貸借対照表、損益計算書の全部の勘定科目がすべて分かっていなければなりません。計数に強くなければ、絶対経営はできないからです。ただし、ここで私が申し上げる会計とは、商法上の会計ではなく、企業経営をしていくための管理会計学です。

第三の資質として必要なのは、人の話によく耳を傾けることができるということです。

才知に富む人ではないだけに、衆知を集めて物事を決められる人でなければなりません。

では、貴方がおっしゃった表現のままで、二つのタイプの内どちらに跡を継がせるのかと問われたら、私は手堅い方を選びます。人当たりが良いので部下がついてくる、でも仕事はいい加減、という人は選びません。経営者というのは、やはり堅くなければなりません。堅い人はいくらか冷たいものです。しかし、「仕事ができるだけではいかん」と諭し、一緒に勉強していきます。

次に、ナンバー2をどう育てていくかということにお答えします。

まず、ナンバー2と目する人物と貴方との間に盤石の信頼関係を築かなければなりません。しかし、まずこちらが信じてあげなければ、信じてはもらえません。したがって、その人の人間性、信頼性を判断するためにも、お互いの人間性を確かめ合って、お互い信頼できるよう話し込んでいくべきでしょう。

次に、会計の知識が足りないなら、「今から二ヶ月間、経理の学校へ行って勉強してきなさい」と言って、経理の勉強をさせるべきでしょう。

さらに、貴方が今しておられるのと同様に人生哲学を修め、人間性を高める勉強をさせなければなりません。こうして、貴方が持つ哲学と共通のものを持っているという認識ができて、信頼関係が構築できた時に、仕事を任すということになっていくのだと思います。

最後に、選んだ人が適格者でなかった場合の処遇ということですが、前提として、手堅い後継者を選んだのですから、貴方がつくった会社を守り、わずかでも伸ばしてくれるなら、それを評価し、それで満足しなければなりません。決して「鈍重だ」と評して、不平を言ってはなりません。貴方の判断基準が、貴方と同じペースで会社を進歩発展させるということにあるなら、改めるべきでしょう。もちろん、会社を堅実に運営する、という判断基準に照らして不適格なら、「見込み違いだった」と認めて、別の人を探すしかないでしょう。

有名な呂新吾《りょしんご》の『呻吟語《しんぎんご》』には、「聡明才弁は第三等の資質なり」とあります。つまり、頭が良くて、才能があって、弁舌が立つというのはリーダーの三番目の資質であるといっているのです。第一等の資質とは、「深沈厚重」である。つまり一番立派な人格とは、常に深く考えて、慎重で、重厚な性格であるといっているのです。

とかく我々は、大変才能があって、器用に売上が伸ばせる人、利益がつくれる人を重視しがちですが、そうではありません。

もちろん、そういう才能がなければならないのですが、真のリーダーとは、集団を守っていくためによく考え、公平無私な心で判断できる人なのです。人物を見誤ってはいけないのです。

繰り返しになりますが、ナンバー2の要件とは、まず第一に「人物」です。功績や才能ではなく、「人間として素晴らしい人」であることです。第二に「管理会計学的な計数に明るい人」、第三に「部下の意見に耳を傾け、衆知を集めて物事を決めていく人」です。人物優先で人を選び、そういう人に育てていくべきだと思います。

塾生質問

6 役員の出処進退、人材登用はいかにあるべきか

当社は給食会社、結婚式場等を経営しております。私は公職に追われる創業者の父を助け、五年前から社長を引き継ぎ、事業を伸ばしてきました。ここまで順調にこられたのは、父のつくった基盤と信用のおかげですが、私の入社当時は年商五億円、従業員四十名の規模に過ぎなかった当社が、およそ二十年間でグループ全体で年商四十四億円、従業員百八十名の規模に成長し、感慨無量です。

さて、私は社長就任以来、「二代目創業」と名付けて多角化に積極的にチャレンジして参りました。特に、五年前より事業部制を導入し、四つの会社に合計八つの事業部をつくり、各々取締役を任命し運営してきました。

しかし、当初、経験年数や人物優先ということで納得して任命したはずの取締役に差がつきだしました。要は、能力・指導力不足で、取締役としての役職を全うできないということになるのですが、どう処遇したものかと悩んでいます。

そこで、塾長にご教授いただきたいのは、第一に、一度取締役に登用した者の降格の是非についてです。加えて、役員を辞めてもらう場合は、会社から辞めてくれと言うべきか、本人から辞表を出させるべきかも、教えていただきたいと思います。

第二は、抜擢人事の留意点です。今回、降格を考えている者には、功労を評価して取り立てた者が多く、同じ轍《てつ》を踏まないためにも、思い切って育ててきた若手を登用したいと思うからです。

第三に、社外から取締役に人材を求める場合の留意点もご教授下さい。

当社は、人事については長年保守的にやってきただけに、これらの人事で、社内に動揺を生むようなことがないか心配です。また、何よりも社員から、冷たい社長だという感情を持たれてはと、その辺りの判断で大変悩んでいます。京セラを大きくする過程で、塾長自身が体験され、判断された事例で、ご示唆をいただければと思います。

塾長回答

企業はトップの器以上にならない

貴方は二代目とはいえ、創業者に匹敵するような仕事をしておられ、大変立派だと思います。

少し回答からは外れますが、昔、京セラがまだ小さかった頃、幹部社員に話していたたとえ話を披露します。どこで仕入れた話かは忘れましたが、私もなるほどなと感心した話です。

古い昔の話です。天気予報を大変よく的中させるという乞食がいました。橋の下に住んでいて、「明日は雨だ」と言うと必ず雨が降るというのです。ある時、殿様がその話を聞いて、「戦《いくさ》をするのに役に立ちそうだ。連れて参れ」と言って、その者を召し抱えることになったわけです。

ところが、家来になると予想が全く当たらない。よくよく調べてみると、実は乞食で橋の下に住んでいた頃は、風呂などには入ったためしがなく、いつも汚れた褌《ふんどし》を着けていた。すると湿気の多い時に、股の辺りがベタベタするので、「明日雨かな」と言うと、必ず当たるのだというのです。きれいな裃《かみしも》でも着せてお城に上げれば、途端に当たらなくなるのも道理です。

つまり、人には「立場に応じて」というものがある。大変優秀そうに見えても、なぜその人が優秀なのか、という実体をよく知っていなければならないのであり、現場では優秀であったものが管理職に登用したら使いものにならなかった、ということはあり得るのだと、よくこの昔話を例に引いて話をしました。

そこで、貴方のお尋ねに戻ります。

まず最初の質問ですが、現在事業部制を敷かれて、多くの幹部社員を登用しているが、役員として今一つという人も出てきたので、処遇をいかにすべきか、ということです。また、特にこれまでの功労を評価して役員に取り立てた方に、そういう方が多いということも、問題視しておられるのだと思います。

私は、もし貴方と件《くだん》の役員との間に信頼関係があれば、ご本人を呼んで十分話してあげてから、降格をしても良いと思います。降格もあり得るということを組織に習慣づける意味からも、「何と冷たい社長よ」と思われても仕方がないと思います。それはまさに、社長である貴方と会社の従業員との人間関係、信頼関係の問題ですから、それだけドラスティックなことをしても部下がついてくる、部下が貴方を従来どおり信頼し、尊敬し続けてくれるという自信があれば、やっても良いと思います。

しかし、そこまでの信頼関係がないならば、本人を呼んで、「貴方の仕事ぶりでは役員としてだめなんだ」ということは告げなければならないにしても、降格はせず、他の部門の仕事をしてもらうべきだと思います。

したがって、辞めさせるのか、辞表を出させるのかということについては、貴方自身がもっと膝を突き合わせて話をすべき問題であり、話し込んだ結果、本人が納得して、「社長、かまいません。辞表を書きます」「分かりました。降格して下さい」と言ってくれるか否か、ということになるのです。

次に、貴方が問題視している、功労ある社員の役員登用についてです。

西郷隆盛は、「官は其《そ》の人を選びて之《こ》れを授け、功有る者には俸禄を以て賞し、之れを愛し置くものぞ」と言っています。つまり、官位というのは人を選んで授けるものである。功労のあった者には俸禄、要するにお金をもって賞し、愛するものである、と説いているのです。企業の場合なら、役員という官は、一生懸命頑張った人にご褒美として与えるものではない、役員に登用するには、それだけの器量の人を選んで就けることが大切だということです。

しかし、実際は、私も功労を評価して役員に就けるというケースがありました。その時には、なるべく経営の中枢に置かずに処遇してきました。

第二の質問は、抜擢人事の留意点ということでした。

抜擢人事をする場合には、やはり際立った才能を持っているか、際立った功績を挙げたという人を抜擢していくべきでしょう。社長が恣意《しい》的に抜擢をした、という印象を与えることは一番警戒すべきです。齢は若いが周囲が認める能力・実績があって、初めて可能になると思います。その意味でも、やはり抜擢人事をする時には、「こういう理由で抜擢する」ということをハッキリさせるべきでしょう。

また、抜擢した人間に帝王学を学ばせることも忘れてはなりません。「抜擢されたからといって、齢も若いのに先輩をアゴで使うようなことがあってはなりませんよ。『至りませんが、今度社長が私を取締役に据えたので、務めさせていただきます。どうぞよろしくお願いします』と仁義を切り、貴方の部下にまず頭を下げなさい」と、第一に謙虚さを教育し、努力を怠らないようにさせることが肝要です。

第三の質問ですが、社外からスカウトした人材登用の留意点についてです。

結論から言えば、社外からの人材登用を容認する土壌を醸成する、ということに帰結します。

私の経験からアドバイスをとのことですが、私の場合、会社がどんどん発展していきましたので、慢性的に人材不足の状況で過ごしてきました。ですから、外部からのスカウトで幹部が務まる人を招聘《しょうへい》もしてきました。その時、私と一緒に創業時から頑張ってくれた人には、こう話をしました。

「会社の発展のために外部から優秀な人を連れてくれれば、皆さんの上にその人が来るかもしれない。『貴方と一緒に創った会社で、貴方は社長で良いが、我々はたまらん』と言うならやめましょう。しかし、企業というのは、そこを治めている人間の器以上には大きくならない。『我々がお山の大将では、成長が止まってしまうかもしれない。株も持っているし、会社が発展しないと困る。もっと大きな、立派な会社にするためなら結構だ』と言うなら迎えましょう」と、実はこういう議論をたびたびいたしました。

結局、当時の幹部社員たちは、「社長、会社が立派になるなら、そういう優秀な方が我々の上に座ってもかまいません」と言ってくれました。私は、こういう土壌があれば、会社が大きくなる過程でスカウトもいい方法だと思います。

ただし、会社を支えている人は、結局、精神構造の善い人だということも、一つ覚えておいて下さい。「破《わ》れ鍋に綴《と》じ蓋《ぶた》」とはよくいったもので、創業当時の京セラでは、とても満足のいく人材は確保できませんでした。そこで、会社を立派にしようと無理をして学卒を採ったわけです。

なるほど採用した人は頭も良く、気も利いている。ところが、将来は幹部にと思った人は、目先が利くので地味な仕事はしない。させれば不満を言って、会社を去っていくわけです。一方、傍らで一見頼りなさそうな人がコツコツ頑張って、地味な仕事をものにして、さらに創意工夫を重ねて、現在のハイテク京セラを支えていったのです。結局、頭の良さではなく、精神構造の善い人の方が長丁場では進歩するのです。

前述の例で申し上げれば、「社長がスカウトした人が来てもいいですよ」と言ってくれた人たちは、やはりそれだけの度量のある人ですから、努力を惜しまないのです。だから向上していくのです。結局、あとから入った優秀な幹部が舌を巻くほどの人物となり、現在も京セラを率いているのです。

昔のことを思い出し、少し冗長に過ぎましたが、お許し下さい。ご参考になればと思います。

第四章

事業を引き継ぎ発展させる

塾生質問

1 偉大な父の後継者としてなすべきことは

当社は創業百年を迎えるオーナー企業です。私は大学卒業後、三年間他社でお世話になったあと、当社に入社しました。現在四年が経過し、当社の専務取締役営業部長として経営の一翼を担っております。

さて、将来偉大な父より経営を継承する者として、心得ておくべきことをお教えいただきたくお願い申し上げます。

父である社長は三代目として、単なる地場商社であった当社を年商百億円の企業にまで成長させたほか、新規事業にも進出、年商五百億円のメーカーに育て上げるなど、長年の経験と独自の経営理念に基づいて、五十年近く第一線で経営活動を行って参りました。

しかし、長年当社において神様のような存在であった社長も今年七十歳になり、私への世代交代がそう遠くはない状況となって参りました。長男の私が跡を継ぐことは衆目の一致するところですが、偉大な父の後継者としてリーダーシップを発揮できるかは正直自信がございません。父とは同居をいたしておりますので、問題が発生する都度、具体的な対処法などを教えてもらっておりますが、面と向かって帝王学の伝授というようなことをしてもらったことはありません。

そこで塾長にお伺いしたいのは、神様のような存在である父より社長を世襲する者として、今後の心構えと準備しておくべきこと、そして、もし社長に就任する場合、経営幹部や従業員に対してどのような態度をとるべきかをお聞かせ願いたいと存じます。

塾長回答

誰にも負けない努力をする

貴方は七十歳になるお父さんを神様のような人とおっしゃる。近くにいればいるほど反発するのが普通ですから、自分の父親をそう呼べる息子さんも偉いと思います。しかし、貴方から見てお父さんが神様なら、従業員から見ればそれ以上の存在であろうと思います。そういう父親の跡を継ぐであろう貴方が、皆が素直についてくるだろうかとご心配になるのも無理からぬことと思います。

私が経験したことのない大変難しい問題ですが、結論から言えば、人を従わしむる存在がリーダーですから、貴方自身が尊敬されるレベルにならなければならないということです。尊敬されてさえいれば、貴方の言われることは一〇〇%従業員は納得して聞いてくれます。しかし、今尊敬を一身に集めているのは貴方ではなくお父さんなのですから、そう言っては身も蓋もなくなります。

私はまず最低限の鉄則として、貴方には謙虚さが要ると思います。人から尊敬を受ける礎は人格見識ですが、これが未完で年齢や才能でも引っぱれない以上、人柄で引っぱるしかないわけです。その人柄というのが貴方の謙虚さと真面目で真摯な態度ということになるのです。

もし社長に就任したら、最初にすべきことは、その謙虚さをもって、親の代からの経営幹部たちに仁義を切ることだと思います。こちらから一席設けて、「至りませんが、社長の器ではないのかもしれませんが、社長の役割を務めさせていただきます」と、貴方からお願いするべきでしょう。

そして「私の仕事は親から受け継いだ家業を守ることです。ですが、皆さんが会社のために努力して下されば、私は全力で雇用を守り、できる範囲で報いるつもりです。そして、私自身は当社を良い会社にするために率先垂範し、先頭を切って一番苦労をさせてもらいます」と宣言するのです。やはり部下のために一番苦労しているというリーダーが一番共感を得るのです。率先垂範して一番苦労しているのが社長となれば、必ず部下はついてきます。

しかし、部下には頭が良い人、番頭さん、年長者等、いろいろな人がいます。貴方が仁義を切って一生懸命努力し、考え抜いた話をしたあと、「頼りない」と言われて反発されたのではたまりません。

こんな時には、やはり、ある程度強引さが必要になります。社員のために日頃から粉骨《ふんこつ》砕身《さいしん》尽くしてきたことを裏付けに、伝家の宝刀を使うのです。「未だ親父に及ぶべくもないが、承知の上で社長をやらせていただこうと思っています。なのにいちいち揚げ足を取られたら話になりません。私は社長です。私の言うことについてきてもらわねば困ります。私の言うことが聞けないなら、貴方は要りません」と、そう言える勇気が要ります。

以上のように、人を従わしめるやり方には人格見識をもってするのと、強権をもってするのと二種類があります。専務である貴方は、来るべき時に備えて、まず率先垂範し「誰にも負けない努力」をしていくことが大切です。「あの専務が一番頑張っておるではないか」と、自然に従業員が支えてくれるよう頑張るのです。

そして、この数年間でしっかり勉強されて、従業員を集めて話をする時は、聴く人の心を打つ素晴らしい話ができるようにならなければなりません。聖書の最初に出てくるのが「まず言葉ありき」です。言葉というのは、それほど重要なのです。そうなるためには、やはり勉強することです。従業員が「この数年間で大きく変わった」と舌を巻くほどの勉強を、今からすべきだろうと思います。

並大抵の努力では人格見識はできません。「心を高める、経営を伸ばす」、これです。

塾生質問

2 娘婿経営者はどうリーダーシップを発揮するか

当社は年商十億円の雑貨卸問屋です。私は大学を卒業後、五年間サラリーマン生活を経験し、十五年前結婚と同時に婿養子として現在の会社に入社いたしました。そして、三年前に義父である現会長の跡をうけ、三代目社長に就任いたしました。

さて、社長就任以来、当社の体制を変革しようと努力をして参りましたが、私自身の問題として、現会長の影響力より脱しきれずに、社長としてのリーダーシップを振るえておらず、教えを請う次第です。

我が社の経営は、地域小売業の苦戦と、価格破壊により減収減益が続いております。私は会社の生き残りのためには、新分野への挑戦が絶対必要だと考えており、卸の経験を活かした小売への進出、セールス方法の改革、新商品の新規開拓などを指示しております。しかし、十五年間変化のない幹部陣と、旧態依然とした組織が足かせとなって、思うように改革が進みません。

当社の会長は、小さな家業を企業にまで育てたという強い自負心を持ち、大変厳しい人ですが、私には気を遣ってくれており、商売のイロハから経営まで指導してくれた恩人です。会長は「好きなようにやりなさい」と、決裁権限はすべて私に与えてくれていますが、折々に口を出すため、結局、番頭たちもこれに従ってしまい、ますます私のリーダーシップを弱めているように感じております。

小さな会社でも、社長ともなりますと、改めて責任の重さを痛感しております。しかし一方では、自分自身もどこかに会長や番頭、社員に遠慮があり、進まぬ改革に焦りと苛立ちを感じております。

最近つくづくと、社員は自分の鏡であると思えてきました。社長である私に、これだという確信がないために、従業員にもこれが影響しているのだと思います。

自信が持てずにいる婿入り三代目社長が当面何をなすべきか、お叱り覚悟でアドバイスをお願いする次第です。よろしくご指導下さい。

塾長回答

信頼関係を築く

大変率直な質問を受け、何か貴方の悩みがよく見えるように思いました。現在の会長、つまりお義父さんは、貴方から見て大変善い人だということです。初歩から経営を教えてくれた恩人でもあり、貴方が仕事をしやすいように社長を譲ってくれ、権限も与えてくれているわけですから、素直な貴方がそのように感じるのも無理はないと思います。

しかし、問題は実はそこから始まるのだと思います。貴方と、貴方の尊敬しているお義父さんとの間には、とても頭の上がらない人間関係がベースにある。加えて、部下の社員は全員お義父さんの元家来で、社長でなく会長の方を向いて仕事をしている。このような状況で、貴方が強引に自分の方針を貫けば、せっかくの親子関係にも溝ができますし、組織を混乱させることにもなります。

なぜなら、貴方が取り組もうとしてうまく行かないということは、今までお義父さんがやってきた仕事のやり方を変えていきたいということですから、極端に言えば、お義父さんがやって成功してきたことを否定することになるからです。二人が対立すれば、部下はどちらにつくべきか迷い、ますます混乱します。

貴方はたまたま結婚した奥さんの実家が会社経営をしていたので、社長になれたのであり、自分から切り拓いて社長の座に就いたのではないのですから、もともとリーダーシップは弱いのです。しかも、貴方が真面目で優しいタイプですから、事を自力でやろうとすると、さらに弱さが出る。自信を持ってこなせないから、従業員も見抜いてくる。貴方の悩みが深くなるはずです。

そこで私は、貴方は自分の方針を部下に言うのではなく、お義父さんに話すことが大事だと思うのです。お義父さんのやり方をまず肯定することから始めて、貴方の考えを理解してもらって、あたかもお義父さんの意志であるかのように、皆に貴方の方針が伝わるように仕向けるのが良いと思うのです。

「お義父さんのことは非常に尊敬しています。器ではないけれども、私は社長にしていただいて、お義父さんの創ったこの会社をもっと立派にしたいと思います。そのためには、こうしたいと思うのですが、いかがでしょうか」と、端から「ベッタリやないか」と思われるくらい、始終お義父さんのところに行って、よく話し込むのです。そして、「いいやないか、お前の思うとおりやれ」と言ってくれたら、すかさず、「すみませんが、これを会長の発案として、幹部を集めて、お義父さんから話をしていただけませんか」と、お願いするのです。

そして、お義父さんに言わせておいて、「皆さん、会長のおっしゃるとおりです。会長の方針は私が受け継いでやりますから、皆で力を合わせてやりましょう」と、たたみ掛けていくのです。古参の幹部は皆お義父さんを向いているわけですから、お義父さんの力を借りなければ、決して従わないでしょう。また、貴方がお義父さんと打ち合わせもせずに、おっしゃっているようなことを進めていくと、社員との人間関係は必ず悪くなります。

世にいう「爺殺し」という言葉をご存じかと思います。「爺殺し」というのは、気軽に年輩の方にすり寄っていって、いろいろと相談を持ちかける人のことです。人間というのは不思議なもので、厚かましくヒョイヒョイやってくると、最初は無礼だと思っていても、そのうちアドバイスをするものなのです。

貴方は入り婿ですから、親子といっても、お義父さんは近いようで遠い存在だと思うのです。それでも私は、他人である入り婿の方が、実の子よりはまだ親しくもできると思うのです。なぜなら、実の息子ですと相談になど行かないし、意見されればふくれっ面が出るからです。義理の息子の方が懐に入りやすいはずです。私は、貴方が真面目な性格だから余計にそうすることを勧めます。生真面目な人は、不作法があってはいけないと、義父からは足が遠のきがちで、結局、尊敬しているだけで縁遠くなってしまいがちだと思うからです。

この問題は、婿養子でなくても、後継者の方であれば皆同じような苦労をされていると思います。実の親子ですと、つい「親父の話は時代おくれや」というようなことを言ってしまい、対立が起きてしまうのだと思います。したがって、十分な実績がまだない後継経営者は、もう揉めるのはやめにして、お義父さんに知恵を出してあげて、お義父さんの意見として自分の方針を社員に話してもらう、という方法をとれば、経営継承が非常にスムーズにいきます。素晴らしい人間関係ができる前に、揉めたらいけないということです。それは憎しみや恨みを生むだけです。

私は京セラ創生の時代、会社設立の援助をしていただき、社長にまでなってもらった大恩人に、「貴方では会社が治まらない。私がやるから、社長を辞めてくれ」と言って、社長を譲ってもらったことがあります。しかし、その方はその後も私を大変尊敬して下さいますし、私は今も感謝をしております。その方は、私が訪ねていくと、転がるように玄関から出てきて迎えて下さいますし、歓待もして下さいます。日頃からの素晴らしい関係が大事なのです。それなくして、「辞めてくれ」とは言えないのです。

塾生質問

3 中小企業の世襲制は是か非か

当社はニュー・セラミックスならぬオールド・セラミックス、焼き物メーカーです。九十二年前に祖父が創業し、父、私と三代続き、現在は食器とタイルを製造いたしております。

さて、本年六十一歳となる私ですが、後継者問題に悩んでおり、中小企業の世襲は是か非かをお伺いいたしたく、ご相談申し上げる次第です。

私には二十五歳になる息子がおります。大学卒業後、当社の納入先メーカーにお世話になり、四年が経過いたしました。私としては、十年か十五年先には、できれば自分の息子に事業を継承させたいと考えております。

私自身は今まで、稽古事の家元制、世襲制などには非常に反発を感じてきました。また、大会社でも世襲が行われているのを見て、はたして良いものだろうかと疑問を持っていました。ですから、塾長が早くから「世襲はしない」と公言されてきたことは、大変立派だと敬意を持っておりました。しかし、人を非難し、塾長には畏敬の念を抱いておきながら、人間というものは非常に弱いもので、できれば息子を後継者にしたいと思っているのが、現在の自分です。

特に零細企業の私共には、大卒の優秀者は来てくれません。若い頃病気を患い、高校中退を余儀なくされ、苦労を重ねた自分にとって、「大学出の息子に継がせたい」という気持ちもありますし、「甘やかした息子に事業を継がせて苦労させたくない。第一社員に対してフェアでない」という気持ちも交錯し、悩みながら後継者のことを考えています。

そこで、第一に、塾長の世襲に対する率直なお考え、ご批判をお伺いしたいと思います。さらに第二に、もし世襲させる場合、現社長の私が、後継者や社員に対して最低すべきことをお伺いできればと存じます。よろしくお願い申し上げます。

塾長回答

社員を守る

貴方のご質問を伺いますと、私が教えてあげる必要はないのではないかと思うほど、良く分かっていらっしゃいます。

さて、貴方は、かねてから世襲制には批判的だったにもかかわらず、現在自分は息子に跡を継がせたいと、心情を吐露されました。理性的であればあるほど、それに矛盾を感じていながら肉親の愛情というものに抗しきれない。しかし、そう悩んでおられることで、すでに免罪符が与えられているのではないでしょうか。

ところで、私はこれまで、「世襲制をとらない」と言ってきましたし、実践してきています。しかし、盛和塾の皆さんには、「だからといって私の生き様を真似ては困りますよ」とも言ってきました。世襲をしないことが美しく、立派だと考えるのはいいのですが、そのために世襲制をとった人、または跡を継いだ人が、何か後ろめたい気持ちで経営されては困ると思うからです。

貴方が、「社員に対してフェアでない」と、おっしゃる気持ちも分かりますが、貴方も息子さんも事業をされていた家系に生まれてきたわけです。その結果、社長業で苦労され、一生懸命頑張って会社を立派にされたのなら、人間であれば肉親に継がせたいという感情が出てきて当然です。

ですから、一番目の質問ですが、世襲制に対する批判は私にはありません。家業である事業は世襲で良いのです。また、そうあるべきだと思っています。私の場合には、元より考えたこともありませんし、今ではあまりに会社が大きくなりすぎて、社会的にも大変影響が大きいので、世襲制など考えられません。しかし、中小企業であれば、家業として世襲されてもおかしくないと思います。

そこで第二の質問ですが、社長である貴方がすべきこと、ということです。

企業は、永遠に継続すべきものです。ですから、跡を継ぐ人がどういう気持ちで継ぐのかが非常に重要です。「祖父や父が創った会社だから、継ぐのは当然だ」と思われてはなりませんし、「社長で楽をする」と思われてもいけません。

そこで、今後とも永続発展していかねばならない企業の後継者として、「従業員を守る、雇用を守るのがお前の役目だ」という大義名分を息子に与え、「人一人食べていくだけでも難しい世の中に、従業員を養い、その家族の生活を見ていくことは並大抵のことではない。サラリーマンでいれば、能力に応じて相応の処遇を受け、平穏な生活を送れるだろうが、敢えて跡を継いでもらう。おそらく才能以上の苦労を強いられることになるのだろうが、それが運命なのだ。曾祖父、祖父、私、そしてお前と続く家業としての運命なのだ」と、厳しさを覚悟させることが一番大事だろうと思います。

そして、「従業員にとっては、後継者の実力は未知数だから、謙虚に、真摯に」と諭し、釈然としない幹部連中を集めて、息子が自分で、「今度、私が家業を継ぐことになりました。至りませんが、ひとつよろしくお願いします。能力がない分、率先垂範して頑張ります」と、仁義だけは切らせる必要があるでしょう。

少しこじつけかもしれませんが、中小企業の世襲の場合、株式は全部一族が所有しているケースが大半です。したがって、家の財産を継承し、守っていく責任が息子にはあります。だから、「家の財産がなくなっても社員を守れ」と、きれいごとを言う必要はないのであり、「お前は曾祖父さんがつくった財産を守るのだ」ということを言って、慎重な経営を促してもいいと思います。

しかし、あまりそれにこだわると、かまどの灰まで自分のものだという感覚が出てくるもので、従業員に食われはしないかと、本来仲間であり、同志である従業員が敵に見えてくるのなら非常に問題です。財産はそんな受け身の姿勢では守れません。つまり、従業員と一緒になって会社を発展させなければ財産は守れないのであり、財産を守ることと社員を守ることは同義語になるわけです。

このように、家業の場合には、貴方の父親から預かった財産を守りながら、従業員も守らなければなりませんが、もし貴方がサラリーマン社長に跡を継がせれば、その人は貴方の家の財産を仕事として守る必然性が希薄になります。したがって、場合によっては、従業員の雇用を守るために、会社の財産を切り売りしかねません。

このように考えると、屁理屈《へりくつ》かもしれませんが、財産を守り通すことと、従業員を大切にするという両面を満たしながら企業を発展させていくことができるのは、世襲制の方が当を得ているということになるのだと思います。

息子に跡を継がせると決めた以上、息子が跡を継ぐことが最も穏当なことなのだと、割り切ってしまわなければいけないと思います。

塾生質問

4 二代目と番頭の関係をいかに築くか

当社は創業三十一年を迎えた建設会社です。私は現会長の父より二代目として社長を継承し、併せて私が創業した住宅子会社の経営をさせていただいております。

さて、私は入塾以来、塾長の教えを忠実に実行して参ったつもりです。教えていただいたとおり社員とは膝詰めで対話をいたしまして、学んだこと、私の考えを社員に啓蒙して参りました。その成果として、おかげ様で本当に風通しの良い会社になりつつあります。しかし、ただ一つ悲しいかな、答えの出ない部分がございます。それは、一般的にいう「二代目と番頭問題」です。若い社員がどんどん心を開いてくるのに、その接点が高まれば高まるほど、番頭さんが心を閉じていく状況が起きてきたのです。

ご存じのとおり、当業界は官民とも受注が減り続けています。お客様が我々を選ぶ基準はますます厳しさを増しており、ただ座しているだけでは死を待つのみの状況です。私の方針は、新しいアイデアを込めた提案型のスタイルで営業を行うというものです。すでに子会社では成功し、親会社が近年何とか黒字を維持する状態で、減収減益を繰り返すのを尻目に、十二年前に素人集団で始めた子会社の方は、前期税前利益が一〇％以上の高いパフォーマンスを達成し、今期も増収増益基調にあります。

番頭さんたちが心を閉じる最大の要因は、子会社で成功した提案型セールスが、年齢的な問題でどうしても習得できずに、力を発揮できないところにあります。若い社員はどんどん意識革命をして良くなっていくのに、専務を筆頭とする数名の番頭たちの年齢からくる衰えは如何ともし難く、私がこの業界で生き残るのに最低限必要と考えるレベルには到底及びません。

それでも何名かは意識革命だけはしてくれて、考え方や熱意は評価できるようになりました。その彼等さえも、気持ちが前向きでも身体が動かない。新しい知識を理解、表現しにくい、新しいアイデアが浮かんでこない等々、能力面の問題で、私が期待するスピードでの提案型セールスはできません。

もちろん、自分のリーダーシップが足らないことが一番の原因であることは自覚しているのですが、それぞれの専門分野や限られた範囲では能力を発揮できる彼等に、もうひと頑張りするよう、いくらモチベートしても、もはや限界は明らかです。

私も、社長になる前は、親会社では副社長であり、番頭たちとの多少の反目もあり、子会社の方に身を入れた時期がありました。しかしながら、三年前に社長を継承してからは、子会社の勤務は土日のみとし、九〇％以上を親会社の勤務に充て、分け隔てなく率先垂範して頑張って参りました。

父である会長は、「長く私に仕えてきた彼等を大事にしてくれ。酷なことはするな」と言うのですが、将来のことを考えると、この人材で厳しい環境に適応していくことは困難であると考えます。

私の方針は、この際、数名の方には辞めていただく。熱意があっても身体がいうことをきかない方には、役員から降格して親会社の顧問にでも退いていただく、というものです。冷たいようですが、彼等が去ったあと、若手を部長として抜擢していけば、重い責任を持ってもらう彼等にも相応の処遇が必要となります。当社の台所事情を考えると、高給のまま彼等を手厚く遇していくことは無理だと考えます。

そこで質問ですが、①辞めてもらう番頭の峻別と対応はどうすべきか、②降格したうえ、処遇がダウンする番頭にどう納得してもらうか、の二点につき、お尋ねしたいと思います。

特に第二の問題は、私が将来事業を継承する際にも問題になると思いますので、働き手の中堅社員を厚く遇する実力主義の処遇をどう導入し、組織の活力を保つかにつき、詳しく解説をいただきたいと思っています。

以上、塾長のご指導を賜れば大変大きな展望が開けると思います。よろしくご指導お願いいたします。

塾長回答

道理を尽くす

大変難しい問題です。若くして跡を継がれた貴方が、誠心誠意努力をされながら一生懸命年輩の番頭さん方に話をして、なんとか分かっていただくところまで漕ぎ着けた。しかし、若くないので、柔軟な考えを頭が受け付けない。そのため貴方が期待するほどの働きができなくて、足手まといの感がある。

お父さんの下で長い間勤めて、今日の会社を創ってきた方々だけに、粗末に扱うことは胸が痛む。さりとて、このままでは業界の荒波を乗り切れない――という悩みであると思います。

貴方を子供の頃からご存じの番頭さん方にしてみれば、子供だと思っていた者が大学を出て、急に社長だといわれても、なかなか言うことを聞けないのでしょう。そういう不満を腹に収めている番頭さんたちを抱えて、「辞めて欲しい、後進に道を譲って欲しい」と思うけれども、今までの功労も無視できないとおっしゃる貴方。これは、後継経営者共通の悩みだと思います。

私は盛和塾において、以前から二代目、三代目の経営者方には特に厳しく接してきました。跡を継ぐ時は、「至らないが、貴方たちの面倒を見るのが運命だから、社長を務めさせていただきます」と必ず仁義を切り、決して嫡男だから跡を継いで当然というような顔をしてはいけないと、説いてきました。

さらに、苦労を知らないだけに、信頼を得るために、「率先垂範して、誰にも負けない努力をしなさい」「小さくても良いから実績を積み上げなさい。実力がついても謙虚でいなさい」と教え、同時に尊敬を得られるよう、「実業の分野だけでなく、人格を磨く勉強を欠かしてはいけません。盛和塾で心を高める勉強を積んで、社員を魅了できる人になりなさい」と、教えてきました。

貴方は言葉どおり忠実に私の教えを実行してきたのでしょう。その結果、社員が自分の方を向いてきているという手応えがあるだけに、足手まといの番頭さん問題は悩みが深いのだと思うのです。

ここまでされているなら、私ならその番頭さんたちに、フィロソフィだとか、精神訓話はとりあえずおいて、「危機感を煽る」、この一点を突きます。ひたすら利益感覚の転換を迫っていきます。

「今出ている一％、二％の利益というのは、利益の内に入りません。こういう余裕がない経営を続けていったのでは、会社の存続は難しい。親父の時代は右肩上がりに日本経済が伸びており、そのド真ん中に建設業界はあった。だから、すべての企業が右肩上がりで伸びていったのです。しかし、もう成長経済はなくなったのです。それどころか減速経済の時代にきている今、こんな低収益ではひとたまりもありません。子会社を見て下さい。素人集団でもここまでやれるのです。経験のある番頭さんたちが集中して、創意工夫を重ねれば、利益なんて簡単に変わってくるのです」と、ガンガンやります。

その結果、相変わらず心を閉じたままの人、反発する人には、「もう要りません。辞めて下さい」と、言っていいでしょう。親父が「やめてくれ」と言っても、その人の穴を自分で埋める自信があるなら、組織をピシッとさせるためにも言うべきです。それは、貴方が冷たいのではなく、その人の心が冷たいのですから仕方がないのです。

一方、「社長の言うとおりや、でも俺はそこまではできんわ」と、分かってくる番頭さんも出てくるでしょう。ただし、この場合の理解というのは、自分がやれないという理解です。そうしたら少し時期をおき、「やっぱり、若社長の言うとおりにはやれないな」と、思い直す頃を捉えて、「すみませんけど、後進に道を譲って欲しい。私が言うとおりやるのはしんどいでしょうから、道を譲って会社の顧問的な立場になって下さい」と言うのです。

その人はもう実際仕事はしないわけですから、役員を外し、今までの給料も七〇％、八〇％にダウンして、「給料も若干減りますけど、今後とも大事にしていきますから、後進の人たちをうまく指導してやって下さいよ」と、引導を渡すべきだと思います。

これは大変難しい、創業者にはない苦労だと思います。しかし、勇気を持ってやらねばなりません。その裏付けは、やはり「道理を尽くして」ということになります。お父さんの言うように、情に棹《さお》さして情けにおぼれては、会社そのものの存立が危うくなる問題ですから、仕事の面でついてこられないなら、道理を尽くして話し、納得してもらうべきです。これが跡を継いだ者の役目でしょう。

最後に、年功序列的賃金の排除、働き盛りへの実力主義の処遇の実現ということについて述べたいと思います。

私は、「中小企業も年功序列的な賃金は伸びなくなるということを説明する時代がきている」と思います。四十代、五十代になって働きが悪くなるのに、逆に賃金が上昇する年功序列制では、古い方と新しい方が均等にいる会社なら良いのですが、貴方のように社歴が浅く、辞める人が少ない会社では、右肩上がりの経済が続かない限り、維持が難しいでしょう。

やはり、四十代、五十代になったら賃金上昇を鈍化させていく、五十代になったらフラットか若干落ちていく、そういう賃金体系が必要なのだと思います。

考えてみると、金融機関が一番ドラスティックです。若い時は高給でも、四十代くらいから賃金上昇カーブは寝てきます。五十代になれば、役職が外され、諸手当が外され給料がドーンと減ってきます。給料も下がり、無役になりますから、系列企業や関係会社からお呼びが掛かれば、支店長クラスでもどんどん外に出ていこうという気持ちが逆に出てくるのだと思います。

この問題は、貴方の会社一社の問題ではありません。前述のような賃金体系が一般的になる機運が今後高まっていくと私は思います。したがって、これを機会に一考してみる価値はあると思います。

塾生質問

5 分社化の意義は何か

当社は眼鏡フレームを製造販売いたしております。父が創業いたしまして、私が二代目でございます。現在、グループ全体で百四十五億円ほどの売上がございます。

さて、社長になって二十年、父の残してくれた信用を土台に、輸出・国内とも好調に業容を拡大して参った私ですが、多角化という大義のもとに分社化して手を拡げた結果、貴重な人材を社外に出し、本体を弱体化させたのではないかと気がつき、今後のあるべき姿を考えあぐねており、ご相談申し上げる次第です。

ご存じのように、私共の製造しております眼鏡は素材・デザイン・機能が生命でございます。しかし、中小企業では、特別才能のある専門の人は採れません。そこで私は、各組織で有能な者が得意分野に特化して、思う存分仕事ができるようにと、素材調達部門、デザイン部門などを分社化、独立させてきました。また、ブランド戦略を展開し、いくつかの子会社をつくってきました。加えて、本社内では、社長の持つ権限の委譲を行い、組織の活性化を図ってきました。

しかし、最近、分社化した会社にばらつきが生じてきました。私は各社の社長が自由に動き回ってアイデアを出したり、権限委譲した社員が組織を超えた発想で社内を活性化させていくことをイメージしたのですが、期待した社長や社員は、こぢんまりとまとまってしまい、私と同じ思いで動いてくれません。テコ入れしようにも、これまで貴重な人材を外に出してきただけに、対策の打ちようがない状況でもあります。

私としては自分が不器用なだけに、分社化や権限委譲により、より適性のある者に権限を持たせ、思い切り働いてもらおうと考えましたが、逆に会社本体の弱体化を加速させたと反省いたしております。どうか良きアドバイスをお願いいたします。

塾長回答

多角化という坂道をのぼる

謙虚に語っておられますが、おそらく大変苦労をされて、試行錯誤を繰り返して後の判断が、分社化という手法で多角化を図る、ということであったのだろうと思います。

さて、「多角化の名を借りて本体を弱体化させたのではないか」ということですが、多角化自体は、ここまで事業が大きくなっている以上、各事業が赤字経営でなければ問題はないと思います。私は、貴方の悩みは、分社化した子会社が貴方の期待したほどには活性化しないということにあるのだと考えます。もし、そうであるならば、多角化が問題なのではなく、分社化という手段が問題であったのだと思います。

多角化というのは、同一企業内において事業部として多角化を図っていく分には問題はありませんが、なぜか中小企業の経営者の方は、多角化を図る際、分社という方法を採られます。たくさん子会社を創っても、合算すれば売上十億円というのでは、人材も分散しますし、体力が弱まるのも当然です。特に、貴方がおっしゃるように、人材が不足しているのにもかかわらず本体の人を次々と出していけば、当然弱体化を招きます。ファンクションが違うから分社化しようということは、すべきではないと思います。

ですから、貴方の場合、できるだけ社内における事業部制で多角化を図るようにされると良いと思います。そして、「事業部制でいきいきと社員が働く社風をつくる」ようにすべきです。

以前、ある方が、貴方と同じように次から次と分社化をして、権限の委譲を行い、論功行賞的に社長をやらせるという経営をされていました。私は、分社化して社長をやらせる、専務をさせる、という形でしか功労のあった社員をモチベートできないとすれば、それはよほどマネジメント、人事管理がまずいのだと考えましたから、「五つくらいある会社を本体に一体化して、事業部制で運営するようにしなさい」と、アドバイスをしました。

結局その方は、分社化した子会社を本体にまとめて、上場にまで持っていかれましたが、「多角化の名を借りて分社化することで体質を弱体化させた」好例だろうと思います。たとえ事業部長でも、社員が存分に喜んで働いてくれるような社風がなければ、多角化の成功はあり得ないと思います。

多角化で問題なのは、多角化後三年を経て、なお赤字であった場合です。これは早急に見直さなければなりません。赤字事業を次々とつくっていくような多角化は非常に危険ですから、中小企業の場合には、新事業は三年がめどで、うまくいかないものは見切りをつけるくらいの判断が必要だと思います。

私は、一旦始めた事業を簡単には諦めない男です。今まで手掛けた事業も全部、粘って粘って成功させてきました。しかし面白いことに、うまくいく事業は初めから順調にいくものであり、初っ端《しょぱな》から苦労したものは、とことん苦労するもので、苦労に苦労を重ねてやっと黒字化しても、今度はなかなか伸びないというものなのです。そういう意味でも、体力のない中小企業は多角化をして三年が事業存続のめどになりますから、撤退の難しい分社化は良い方法とはいえないのです。

私は、以前から申し上げているように、多角化そのものは大変な危険を孕《はら》んでいるものの、中小零細企業を中堅企業に発展させようと思えば、多角化という坂道はどうしても通らざるを得ないと思っています。これを乗り切って事業を発展させていくことが、企業家の真骨頂ともいえるわけです。

ただし、これが経営者にとって実は大変難しいのです。一つの事業をやるのでも大変なのに、二つも三つもということになれば、幾何級数的《きかきゅうすうてき》に難しさが増します。一人の人間ではとても見きれない。だから分社だとなりがちです。しかし、任された人が社長という地位に安住してしまえば、会社全体を大きくしようとする貴方の意志は遂げられることはありません。

ですから、この幾何級数的に難しくなることを貴方一人でやらなければ、多角化は成功しないのであり、多角化に踏み出せば、もう遊んでいる暇はなく、「誰にも負けない努力」が必要になるのです。

そして、努力のほかに、「凄まじいばかりの集中力」が要求されます。競争相手は一つの業に一〇〇％打ち込んでいるわけですから、こちらが全神経を二分、三分していたのでは負けるに決まっているのです。全精力と全神経を二等分、三等分にしてやっているように見えても、その三〇％は向こうの一〇〇％に勝るというような集中力がなければ、勝負に勝てるわけがありません。

今までの三倍も四倍も働かなければならない。多角化とはつまり、そういうことなのです。しかし、この多角化の坂道を登っていくことが、中小零細から中堅企業に脱皮をしていくということなのです。

第五章

新規事業に挑戦し成功させる

塾生質問

①外部環境のマイナス変化にどう取り組むべきか

当社は県内でフィットネスクラブを経営しております。私は、水泳愛好家としてマイプールを持ちたいという夢を実らせ、昭和五十三年に当社を創業し、スイミングスクールを開業いたしました。ゼロからのスタートで大変苦労いたしましたが、幸運にも六年間で三ヶ所の事業所を運営できるようになりました。

さて、五年前に共同経営者であった前社長が急逝し、私が二代目社長に就任したのですが、その頃から経営環境の変化で経営が圧迫されております。そこで外部環境のマイナス変化にどう対応していくべきか、ご相談いたしたく存じます。

外部環境の変化とは、①大型競合店の出店、②著しい少子化、③長引く不況、の三点です。特に出店地への他店の進出が競合を激化させており、生徒の争奪、値引き合戦の影響で、これまで我が社独自の収益管理方式の効果で、そこそこの収益を保っていた当社の業績は、損益分岐点に近づいている状況です。

私は状況を打破するためには、我々の仕事の本分である指導やサービスの向上が第一と考え、①従業員の質の向上、②指導プログラムの充実、③一部施設のリニューアル、等を重ねてきましたが、思ったような成果には結びついていません。この商売の成功要因は、一に施設、二に立地、と業界ではいわれており、設備の古い先発施設が最新設備を持つ大手資本の施設には伍していけないのが現状です。

実は、今春キャンペーンとして、入会金の割引を実施いたしましたところ、予想以上の集客実績が得られました。安易な方法で成果があったことで逆に自信を失っており、積極的な投資もできない状況です。以上を踏まえ、会社を維持し発展させるために、このような外部環境のマイナス要因にどう取り組むべきか、ご教示下さいますようお願いいたします。

塾長回答

堅実な収益管理をベースに新規事業に出る

まず非常に良いと思うことは、貴方が独自の収益管理方式を採用して、大変立派な収益管理をされていることです。貴方の収益管理手法は、京セラがまだ小さな時代に、私が苦心して創り上げたアメーバ経営という、小集団部門別採算制度で細かく経営を見ていく手法と極めて似通ったものだと思います。

立派な管理をされていることは、業績の推移を見るとよく分かります。すなわち、五年前、六億円の売上で一割の六千万円の利益を出していたものが、翌年売上が六億三千万円に増えると、経費は増やさずに売上が増えた分そっくり利益に上乗せされている。つまり三つの事業所の経費を費目別にしっかり把握されておられることが見て取れるわけです。ですから、その後逆に売上が減ると、経費は非常にタイトにコントロールしていらっしゃるので、売上が減った分がそのまま収益のマイナスにつながってくるわけです。

結論から言うと、私は今貴方がやっておられることを活かしていけば良いと思います。とても手堅い収益管理をしておられるのだから、サービスの質を落とさずに経費を削減する方法はないかと考えることです。そういうことを考えていけば、売上が若干減っても、利益は確保できる経営が続けられるはずです。

競争がなかった時代ならいざ知らず、使い途のない土地を利用して大企業までもが見境なく参入して競争が激化しているわけですから、ただ過剰設備だけで相手と競合しても、おそらく人口密度からいっても成り立たないはずです。若干先発で施設は古臭くなっても、やはり経費を抑えていくしかないだろうと私は思います。

ところで、貴方に申し上げておきたいことがあります。これは少し言い過ぎになるかもしれませんが、それは、貴方は自分の趣味である水泳を業とされたわけですが、「貴方は水泳と心中するつもりなのか、事業家になるつもりなのか」ということです。私は貴方の場合は後者だと思うのです。

貴方はゼロから始めて年間六億円の売上で、経常利益も一割出せる企業を創ってこられた。これは貴方に経営の才能があるということです。しかし、この商売はもう貴方の県では限界なのです。おそらく、よその地域に行っても状況は一緒でしょう。極論すればその程度の商圏しかない事業なのです。さすれば最初の事業としては上出来だったと割り切って、ここで養った企業経営のノウハウを活かして新規事業に出るのです。簡単にいい商売が見つかるわけではありませんから、じっくり勉強して、情熱を燃やしてやれそうな事業を探して出ていかれれば良いと思います。

ただし、今の事業はしっかりとした跡継ぎをつくらなければなりません。貴方の後継者をつくって守りに入るのです。決して敵が出てきたからといって、慌てて設備投資などをしてはいけません。

この機会に貴方には、「中小企業が中堅企業へと伸びていくためには、実は多角化しかないのだ」ということを自覚していただきたいと思います。私自身が京セラでそれをやってきました。最初に手掛けた絶縁用セラミック部品だけでは、注文がなくなったらおしまいだと思い、そこで覚えたことを連綿と展開して、その応用をはかりつつ、新しい事業を創ってきました。そのことが今日の幅広い製品分野を持った京セラという会社を創り上げてきたのであり、もし最初の製品や事業に特化していたら、零細企業のまま終わっていたことでしょう。

最後に、入会金を安くしてたくさん会員が集まって困惑している、ということに触れておきたいと思います。たぶん貴方は質の良さで勝負をと考えていたのに、安かろう悪かろうというのでは自分の趣旨に反するという意味だろうと思います。しかし、それは間違いです。この事業は本来入会金の勝負ではないはずです。入会金を安くして人が増えるなら良いことで、それは貴方の施設のサービスがその値段では割安だと評価されたのであり、むしろ喜ぶべきことなのです。使ってもらってこそのご商売ですから、入会金の割引というのは、入会される人の質があまり落ちない限りは良い方法で、落胆する必要はないのです。是非もう一度検討されたらいかがかと思います。

さあ、危険はありますが、勇気を持って事業家としての挑戦をなさってみて下さい。貴方にはそれができる経営の才能があると思います。

塾生質問

2 新規市場進出の条件は

私は県内で補修用自動車ガラスの販売及び取付、最近ではRV車にカー・フィルムを貼る仕事もしております。会社を創業して十六年、現在四店舗で年間五億円を商っております。

当業界は、寡占のガラス業界に守られた規制業種の最たるもので、今までは系列に守られ、波風もなく過ごして参りました。経理は苦手なので家内に任せておりますが、おかげ様で四店舗の内、新規出店の一店舗を除いては税前利益一〇％以上を確保しており、メーカーや税理士さんからも、「お宅ほど伸びた会社はない」と言われ、やや有頂天になってしまい、反省もいたしております。

さて、当社はどうしても五年で売上十億円を達成したいと考えております。そのためには県内の市場規模には限界があるため、他県に進出していかねばなりません。しかし、価格破壊、競争激化という環境変化を前に逡巡しております。質問は、環境変化にどう対応し、他県進出を図るかについてです。

環境変化についてご説明します。順調な需要増を背景に追い風の中を歩んできた当業界ですが、変化の第一は低価格化の波です。従来新品を求めていたお客様が中古を求めるようになってきました。同時に、解体屋さんを通して中古ガラスが市場に流入するようになりました。こういうリサイクル業界の人たちが我々の業界に参入してきて、変化を加速させている部分もあります。変化の第二は、米国よりリペアという、補修液を使ってガラスを修復する技術が入ってきて、高価なフロントガラスを交換するということが減少してきたことです。

他県進出するとなれば、当然、系列色の強い当業界のことですから、進出した先では、大手資本をバックにした体力ある競合店との縄張り争いが予想され、過当競争による採算悪化も懸念されます。

かかる状況で当社の進むべき道を是非ご教示下さい。

塾長回答

利は仕入れにあり

貴方は売上を増やすために県外に進出したいが、低価格化の波と、いざ進出した場合起こるであろう、大手資本をバックにした地元業者との軋轢《あつれき》、過当競争を心配して決心がつかないとおっしゃっています。

まず、貴方は低価格化について戸惑いを持っておられるようですが、低価格化してくるのは当たり前のことなのです。これは何も貴方の業界だけではなく、価格破壊がどの業界にも起こってきているわけで、商売をする方々はすべてそれに対処していかなければならない問題なのです。

私は、貴方が現在売上利益率一〇%を維持しているとなれば、低価格化怖るるに足らずだと思います。むしろ逆に低価格化の波に乗るべきでしょう。それには全国のあらゆるルートに自ら足を運び、一番良いものを安く買えるところを徹底して探すことです。

貴方の場合なら、思い切って解体屋さん等を回られたらいかがでしょう。全国にたくさんあると思うのですが、どういうところにどういう安いものがあるのか、どんな種類の中古品があるのか、輸入ガラスも含めて、そういったことを徹底して調べておいて、競合店の追従を許さない仕入れノウハウを蓄積するのです。

どの仕事にも共通するのですが、「利は仕入れにあり」なのです。利益を得ようと思えば、ポイントは仕入れにある。だから大阪の船場では、仕入れは旦那がするものでした。売りは番頭に任せても仕入れは旦那がする。高いものを仕入れていたのでは、いくら頑張っても利益はあまり出ないわけで、仕入れをとことん安くする必要があるのです。

このことは、貴方が地域を拡大していく時も効いてくると思います。貴方は大手資本バックの競合店との競争を怖れています。確かに体力のある地元企業というのは、資本力に物をいわせて好立地に店を出し、大量注文で安い仕入れをしてきますから脅威なのですが、たとえどんなに資本があろうと、一時的に安く売っても、赤字を出してまではやれないわけです。値段で勝負というのはダンピングではありません。利益が十分に出ているということです。

ですから貴方は、純正部品を引っ提げて出ていくのではなく、中古のガラスを使い、それも安い加工賃で行う方法を武器に出ていくのです。そのために、安いけれども十分利益が出るという仕入れ先を自分の足で探す。これが他県進出の第一のツールになるでしょう。

ただ気になるのは、一店舗だけ赤字の店舗があり、自分は経理が苦手であるとおっしゃることです。いつまでも、できた奥さん任せで、「経理は知らない」では済まされません。奥さんなり、税理士さんなりに教えてもらって、しっかり勉強されるべきです。

なぜなら、他県進出とはすなわち多店舗展開を意味しますから、そのためには店舗ごとの独立採算ができていなければならないからです。すなわち、一店舗、一店舗、きちんと損益計算ができるシステムです。それを早急につくり上げて管理できるようにならないと、進出は成功しても会社全体を高収益体制で維持していくことは難しいでしょう。これが第二のツールです。

最後のツールは人材育成です。多店舗展開をしていけば、技能の点でも人物の点でも経営を任せていける人が必要になります。貴方一人で走り回るわけにもいきませんから、人材を教育し、任せられる人を養成する必要が出てきます。さらに、人材育成をしたらチェックシステムが必要となります。いくら信用できる人でも、心の弱さから罪をつくるようなことがないように、人材管理システムをつくるのです。人というのは弱いものです。定期的にチェックして信用に値する人物かどうかを立証して、初めて信用できるものなのです。ですから、人材を育成すると同時に管理も必要です。

一番目に低価格化に対応する仕入れを考えること。二番目に店舗ごとに独立採算のシステムを構築すること。三番目に人材育成と人材管理。以上のツールがあれば、他県進出を怖れることはありません。

最後に、もう一つ付け加えておきます。貴方は税理士さんからも、お得意さんからも、こんな立派な会社をやられてと褒められていて、舞い上がっていますと言われる一方で、謙虚に反省の弁を述べておられますが、私はもっと自信を持っていいと思います。どこにでもありそうな車のガラスの交換補修の仕事で、一割の利益をきちんと出しているのですから、時流に乗っただけではないと思います。勇気を持って挑戦してみて下さい。

塾生質問

3 海外進出成功の秘訣は何か

当社は蒟蒻《こんにゃく》製品を製造いたしております。社員数は現在二十一名、年商は約六億円です。私は二代目で、現在専務として実質経営を担っております。

さて、私共のような経営基盤の弱い零細企業が海外進出を行う場合、どのような点に気をつけていけば成功するのかを教えていただきたくお願い申し上げます。

私共の蒟蒻業界は、煮物を中心とする家庭料理の減少を受け、毎年五%以上、市場規模が縮小しております。さらに、原料が値上がりしているにもかかわらず、価格破壊の波が押し寄せ、大手スーパーの卸値はわずか数年で平均三〇%ほども下がっております。業界全体のパイが減っているのに、過当競争で値上げもままならず、ここ数年で相当の業者が倒産いたしております。

こうした背景の中、当社は敢えて中国進出を計画しております。進出の狙いは、第一に何よりも良い商品をつくりたいということです。進出を計画している雲南省は、日本では手に入らない質の良い材料が手に入ります。第二の狙いは、原材料費・経費のコスト削減です。ただし、今のところ、関税の関係で、日本に輸入する場合の効果は原価の三〇％削減程度にとどまります。第三は、材料の安定的確保です。当地なら栽培から収穫まで一貫した管理ができますから、価格も安定した材料確保が可能です。第四が中国市場進出です。元来中国では、蒟蒻芋は精進料理や漢方薬にまで幅広く使われる食材であり、日本より用途が広いので、私は、上海や香港をターゲットに、三年後には、製品の三分の二は中国市場で売りたいと思っております。

進出にあたっての具体的プランですが、日本企業四社の合弁とし、約一億五千万円の投資を計画しており、当社はこのうち約四千万円を負担する予定です。人的には、当社より社長と技術部長を出し、現地でローカル約百名を採用する予定です。

投資の回収見込みについては、現在競争相手もなく、出資企業のつてで販路もあり、良いものさえできれば三〜四年で投資は回収できる見込みです。すでに契約栽培もスタートし、品質のいい蒟蒻芋が順調に生育しております。

しかし、今回の投資額は中小企業の当社にとっては大きな金額です。失敗すれば、ゼロになることも覚悟せねばなりません。また、社長については、私自身が就任するよう要請を受けており、もし引き受けた場合は、数年間は海外での活動が主体となり、銃後の守りが手薄になることも心配です。

以上のような状況を踏まえ、塾長には三つの質問がございます。

第一は、中小企業が海外進出に踏み込む場合、その判断のポイントをどこにおけば良いかということです。

第二は、送り込む人材をどう選定すべきかについてです。特に当社のように人的に非常に脆弱な中小企業は、派遣人材をどう選定すべきか、長としてふさわしい資質は何かを含め、その留意点をお教え下さい。また、私自身が赴くケースの留意点も併せてお教え下さい。

第三に、現地での教育を含め、人的管理はどうあるべきかをお教え下さい。

最後になりますが、私の夢を述べさせていただきます。塾長は、昔の蒟蒻が風味豊かであったのをご記憶でしょうか。昔は日本でも、冬は貯蔵し、春に畑にもどすような作業を三年繰り返し、熟成した材料を手づくりで製品に仕上げていたのです。しかし、最近は価格のみを追求して、味や品質を問わない粗悪品が市場に出回っています。私はこの商品づくりの姿勢が、消費者の蒟蒻離れを加速させているのだと考えています。

日本では現在五種類程度しかない蒟蒻芋ですが、雲南省にはいろいろな品種の蒟蒻芋が栽培されています。私は、この素材を活かして、昔ながらの手づくりで、美味しい商品、安価な商品づくりを成功させ、日本で見直され、中国でも食べてもらえる品質の良い商品をつくり上げる夢を描いております。何卒海外進出の成功の秘訣を伝授いただきますようお願い申し上げます。

塾長回答

ナンバー1が打って出る

かつて円高が急速に進んだ時に、たくさんの企業が海外に出ていかれたことがありました。ところが、韓国、台湾へと出ていかれた方が皆引き揚げてきておられる現実があります。貴方が中国という未知の大陸で、卓上では計算が合う投資に逡巡されるのも分かるような気がいたします。

まず最初のご質問ですが、海外進出決断のポイントということです。ご存じのように、私も中国への進出を果たし、生産拠点を持っております。しかし、この問題は、その私自身が今も悩み続けている問題でもあるのです。

海外生産に踏み切る判断のポイントは、業種によるとは思いますが、一言でいえば、「誰にも負けない技術力の有無」ということになります。少し技術移転をすれば誰でもできるような仕事ですと、人件費だけが目当てということになります。すでに中国も人件費がどんどん上がってきていますから、これだけでは後々非常に苦しむことになるでしょう。相当なノウハウがあって、簡単に真似できないようなものであればこそ、それが安い労働力と相まって効果が出るものだと認識すべきでしょう。これが、海外生産に踏み切る時の第一関門です。

第二の質問ですが、海外に送り込む人材の問題でした。貴方も気がついておられるとおり、このことは非常に重要です。「事業とは人なり」で、日本でも海外でも、優秀な人が行くか否かで事業の成否は決まるのです。しかし、キーマンになるような人は、どの会社にも一人か二人しかいないのが普通です。

実際には、社長とナンバー2の実力者は日本から出すわけにはいかないとなるでしょうから、ナンバー3に白羽の矢が立つことになります。そして、このナンバー3が自分から、「会社のために行きましょう」と言ってくれるかどうかが、実は海外派遣人事の最重要ポイントになるのです。

海外進出の失敗例の多くに、「上の人が行きたがらないので、若い人を行かせて失敗した」というものがあります。やはり発展途上の国、しかも大陸の奥地で生活水準も低く、上の人は行きたがらないのです。改めて海外進出の成功のポイントは、「実力者の人材派遣が可能か」ということだと認識して下さい。つくって良し、売って良し、人を治めて良し、人物も立派だという長を送れなければ、成功はあり得ないのです。

もし、ナンバー3が赴任してくれるなら、もう一つ大事なことに、ナンバー3に語学と現地事情に通じた副官を付けてあげるということがあります。

一般に、現地事情がよく分かり、語学が堪能ですと、仕事ができると勘違いして工場長などに登用しがちですが、これは大失敗します。語学の才能や事情通だという能力と、人を治める能力とは別なのです。こういう人はあくまで副官としておき、長たる人は語学ができようとできまいと、仕事ができる人格者を置くべきです。

したがって、この、「実力者の海外派遣が可能か」、行ってくれるなら、「語学が堪能で現地事情に精通し、赴任した長を補佐してくれるような人が採用できるか」ということが、前述の、「誰にも負けない技術力の有無」に加え重要です。これは海外進出の判断ポイントの第二関門といって良いでしょう。

さあ、一般論としてはこのとおりなのですが、実は私はそうしてきませんでした。私がとった作戦は、私がナンバー1とすると、ナンバー2、3の素晴らしい部下に本丸を任せておいて、私自身が打って出ていくという方法でした。ちょうど貴方が現在要請され、お考えになっているケースに近かったと思います。少し違ったのは、手勢については、今まで組織で窓際族になっていた人間を集めて連れていったことでしょう。私はこれを「はんぱもん戦法」と呼んでいました。

ただし、この方法は、本丸はビクともしない、成功すれば人材育成ができるという点では素晴らしい効果がありますが、あまり勧められる戦法ではありません。苦労が夥《おびただ》しいからです。連れていく手勢は、あまり優秀ではありませんので、最初は大変苦戦をしました。

したがって、ナンバー1は先頭に立って、怯《ひる》む部下を引き連れ、凄まじい形相で敵方の城を落としていかねばなりません。しかし、はんぱ者たちはその修羅場の中で戦法を学び、同時に急成長していくことになるのです。そして城を攻め落としたあとでは、成長して人間が変わっていきます。大変立派な経営者になって、不況でもビクともしない会社を創り、治めていける人になっているわけです。

大変苦労しましたが、私は海外戦略はすべてこれでやってきました。今では、私がうっかりその話をすると、拠点の長が、「十年経ってもはんぱ者ですか。最初は励ましだと思って黙って聞いていましたが、一国一城の主になってまで、まだはんぱ者と呼ばれたのではたまりません」と言って、叱られます。

貴方の場合も、会社を取り巻く環境は非常に厳しいようですから、自ら行くのはいいのですが、本丸を疎かにしては、「二代目は海外ばかり力を入れるから、本体はボロボロではないか」と、言われかねないと思います。どんなことが起きるか分かりませんから、いつでも本丸に逃げて帰ってこられるように、本社の収益を維持し、向上させられるような実績のあるナンバー2、3にしっかり本社を守らせて、出ていくことが必要だと思います。

最後に人的管理の問題ですが、これも難しい問題で、めどというものはありません。しかし、現地出身のしっかりしたマネージャーだけは確保すべきでしょう。人事管理、つまり人材教育だけは、現地の人でなければできませんから、人格者を採用すべきです。京セラも中国に生産拠点があり、たくさんの従業員が働いています。そして、そのような人事管理には非常に優秀な現地の人が採用されています。そこでいい人が得られるかどうかも、海外進出を成功させるためには非常に重要なことです。はんぱ者では困りますので、申し添えておきます。

塾生質問

4 進出・撤退を決断する物差しとは

当社は中堅服装メーカーで、主に婦人用ファッション衣料の製造販売をいたしております。私は二十年前に入社、十年前より三代目社長として経営にあたっております。

さて、当社には様々な形でスタートさせた新規事業があります。しかし、必ずしもうまくいっている事業ばかりではありません。そこで、失敗した事業からの撤退の見極めと、そもそも新規事業とはいかに展開すべきなのか、教えを請う次第です。

私共が手掛けた新規事業は、ニュー・ブランドを扱う子会社が多いのですが、本業以外の事業を手掛ける子会社も何社かございます。しかし、厳しい経済状況に晒《さら》され、事業体の基礎が固まっていない子会社は、進むのも難しい、撤退するにも犠牲を伴うだけにさらに難しいという状態で、まさに進退両難という感じです。

塾長は以前より、「新規事業というものは、とことん粘って粘り抜くものだ。成功するまで粘り抜けば一〇〇％失敗はない」「どうしても撤退する時は、現場が『刀折れ矢尽きた』という状態になった時だけだ」と、おっしゃっていたと思います。しかし、当社の場合そこまでやると、本体の経営基盤が弱いだけに命取りになりかねません。撤退の決断を下すのであれば早いほどいい、そういう気がいたしております。

また、そうはいっても、私共のような飽和産業では、会社の収益性を高め、事業を大きくするためには、新規事業への取組は欠かせないとも思うのです。

新規事業を展開するにあたって、進出・撤退の決断を下す時の物差しがあればお教え下さい。

塾長回答

飛び石を打つな

一言で基準をお話しすることは難しいと思います。もちろん、中小企業を大きくするには新規事業、多角化しかないわけで、飽和市場であれば、なおのこと必要です。それは貴方が気がついておられるとおりだと思います。

私の場合には、いつも本体はしっかりしていましたから、攻めにいっても十分な補給を受けられました。だからこそ、攻める場合にはとことん粘る戦法が展開できたわけです。撤退した事業もありますが、新規事業の展開数からみれば非常に少ないケースといえます。

業種が違いますので、的確なアドバイスにはならないかもしれませんが、私は以前から、新規事業をやる場合には、「本業とあまりかけ離れたような事業に手を出してはいけませんよ」と申し上げてきました。

それはどういう意味かと申しますと、事業経営にはやはり深い専門知識と経験が必要なのです。いくら努力をしても、その事業に深い知識がなければ成功しませんし、長年の経験というものも大変大事です。自分の本業に近ければ、本業の専門知識が活きますから、たとえ経験がなくとも、そう大きくは間違わないものです。

私は碁を打つ時に、「飛び石を打つな。必ずつないで打て」と言います。つないで打てば切られない。その代わり大きな陣地もとれませんが、切られて死ぬというリスクはありません。「飛び石」とは、つまり「慣れない仕事」という意味です。安易に慣れない仕事に進出して、とられてはいけない、目をつくろうと無駄な手を打ちまくる。その間に、

「豚の仔は大きくしてからとればいい」と、経験豊かな同業者に漁夫の利を決め込まれ、コロッととられてしまうのです。

私は、中小企業が新規事業、多角化に成功する秘訣は、まず得意技を持ち、徹底的にそれを磨くことから始まると思うのです。自分の得意技、特徴、何が強いのかをはっきりさせなければならないと思っています。たとえば柔道で、一本背負いが得意なら、畳の上で一尺ほどあれば技が掛かるというところまで磨くのです。貴方のような女性服メーカーであれば、ある商品なら機能でも、デザイン、品揃えでも絶対負けないということになるのでしょう。また、営業力・販売力なら他社比ダントツだ、ということでも良いと思います。

そして、「新規事業はその得意技の延長線上で勝負していく」べきなのです。親の代から扱い商品もお得意様も決まっていて、取り立てて特徴も販売力もない状態で、新商品を扱ったり、新規市場に打って出ると、とんでもない火傷《やけど》をします。親の代からのスタイルでうまくやってこられたというなら、ここは欲を出さずにそれを守っていくべきでしょう。もし、従業員と一生懸命頑張って、特定商品や販売方法などで得意技ができて、自信が持てるようになったら、新規事業を始めても良いのではないかと思います。

次に、撤退の判断についてメルクマールが欲しいという点ですが、まず儲からない事業について、なぜ儲からないのかを考えてみることが必要です。中小企業の経営者は、「儲かる仕事と儲からない仕事がある。自分の仕事は儲からない」と、よくおっしゃるのですが、儲からない仕事などありはしませんし、誰もやっていない、すぐ儲かる新規事業などもないのです。

私は、新規事業に取り組む時は、十分シミュレーションを尽くして始めますから、事業部にしろ子会社にしろ、うまくいかないということは本来あり得ないと思ってかかります。うまくいかないのは、トップがその理由を考えていないか、その理由を解決しようとしていないかで、いずれにしてもトップに問題があると考えます。ですから、新規事業部長や子会社のトップとのやりとりは凄まじい真剣勝負となります。

貴方が、たとえばブランド・ファッションを任せた場合なら、ブランドの強みが活かされているかをよく検証する必要があるでしょう。その部署のリーダーはブランドを活かすだけの才覚と商才が要るのです。少ないブランド・アイテムを売ることに固執して、ブランド力が展開できていないなら、他のモノを扱うことによってブランドが活きることもあるでしょう。もしそういう狭い視野で仕事をしているとすれば、視野を少し拡げてあげるだけで、展開の活路は見出せるかもしれません。とにかく原因をさがして、トップをこれ以上ないという絶壁まで追いつめて、どういう力が出るのかを見極めるのです。

しかし、あらゆる手だてを講じてもだめな時があります。我に利あらず、客観情勢が如何ともし難い、才覚のあるリーダーが見出せない、そういう時もあるでしょう。その時は勇気を持って退却します。

攻めていく時の号令は誰でもできますが、撤退となれば社長だけが行える仕事なのです。面子《メンツ》もあるし、先々のことが頭をよぎるでしょうが、撤退は社長が全部泥を被る覚悟で決断しなければなりません。特に、こういう不況期になって本体が弱っている場合には、絶対に一瞬たりとも逡巡してはなりません。撤退することも勇気なのです。

最後に、私の経験から一言申し上げます。

私は、「事業で一抹の不安がつきまとう、それを払拭できない場合は早期にやめるべきだ」と思っています。たとえどんなに条件が揃っていても、払拭できない暗雲が心にある時は、万事を尽くしても決してうまくいきません。

ネバー・ギブアップの精神と矛盾するように聞こえるかもしれませんが、ネバー・ギブアップで物事に挑むということは、物理的にもメンタル面でも非常に負担を伴いますから、潜在意識の奥底で絶対うまくいくと思っていなければ続けられないのです。

第二電電（現ＫＤＤＩ）の時も、トップの私に成功の確信があり、その確信に一点の曇りもなかったから、ネバー・ギブアップでいけたのです。周りの人がもうだめだと思っていても、私の心の奥底には明るさがあったのです。

塾生質問

5 新商品開発の着眼点をどこにおくか

当社は合繊織物製造を手掛けております。私は大学卒業後、商社で貿易実務を勉強し、当社に入社、現在社長をいたしております。

さて、新商品開発の要諦、その後の市場形成の要諦につき、考え方、注意点を教えていただきたいと思います。

このたび当社は、米国から取得したパテントをもとに、特殊な織物の開発に成功いたしました。通常、織物というのは、縦糸と横糸を九〇度で交差させて織られていますが、私共の製品は、三本の糸を六〇度の角度で交差させて織られています。分かりやすく言えば、正三角形の形で織り込んでいくわけです。効果としては、何よりも丈夫だということです。耐衝撃性にすぐれ、引き裂き強度もある。しかも軽量です。米国では、この特性を利用して、衛星アンテナやスポーツシューズ、スピーカー・コーンなどに使われ始めておりますし、それ以外にも構造材料として利用可能な分野があると考えております。

しかし、自分自身が顧客ニーズを嗅ぎとれないせいもあり、どうアプローチしていけば売れるのか、突破口が見出せません。技術者は製品を見せると非常に興味を示すのですが、新素材だけにコストも高いためか、保守的な反応で、なかなか素材置換に至りません。

塾長はセラミックスという素材を応用し、いろいろな分野に出ていくことでビジネスを展開しておられますが、素材の応用分野と、市場拡大のための要諦をお教え下さい。また、新商品とはそもそもどう開発するべきか、その着眼点についても併せてご教授下さい。最後に、応用分野と市場開拓に成功したら、米国企業にもアプローチを考えております。新しい素材・技術に貪欲な米国企業の攻略方法も、併せてご伝授下さい。

塾長回答

四つの創造

貴方の質問は、素材のアプリケーションをどう拡げてビジネス・チャンスをつくっていくか、ということだと思います。私もファインセラミックスを開発して、その応用を考え続けてビジネスを展開してきた歴史があるだけに、面白い質問だと思います。

そこで、まず貴方に申し上げたいことは、「開発された製品の特性を、貴方の会社の研究員、大学の先生などに徹底的に調べてもらい、製品の物性をよく知る」ということです。製品の特徴・特性を徹底的に調べて、その製品の長所、強さを、貴方自身が良く知ることが第一に必要です。それも素材を換えて、綿、合繊はもちろん、カーボン・ファイバーならどうか、またセラミック・ファイバーの場合なら、ウィスカーならどうかと試してみることが必要です。

私の場合、当初セラミックスが持つ高周波絶縁性に着目して製品開発を行ってきました。そして、弱電メーカーに絶縁材料として売り込んでいきました。しかし、でき上がったものを調べてみますと、ダイヤモンドに次ぐ硬度があり、耐熱性に優れ、薬品にも強いという別の特性が分かってきました。そこで、私はその特性を徹底的に調べ、耐摩耗性、耐熱性、耐薬品性が要求される産業分野へと攻めていきました。

次の段階では、「産業界のあらゆる技術が分かっている人に相談する」必要があります。この場合の知識人とは、雑学を常識程度知っているというレベルではなく、工業製品から民需品、家庭用品に至るまで、技術的に製品構造を理解している人です。そういう人に、「名人に釣りのポイントを聞くように、製品の長所を踏まえて、使い途について技術的なアドバイスを仰ぐ」のです。「名人に釣りのポイントを聞くように」というのは、どの産業のどの分野で応用可能かを教えてもらうということで、釣りにたとえるなら、川で魚が釣れるポイントはどこなのか、また、そのポイントで釣れる魚の種類は何で、餌は何かということまでアドバイスを受けなさいということです。

ところが、貴方はここまではある程度された上で、悩んでおられるわけです。魚のいる場所に行って餌を付けて糸を垂れる、つまり興味を持ってくれるところに行って新製品の説明をするのだが、なかなか喰いついてくれない。貴方がおっしゃる「技術屋が保守的だ」という問題です。

この問題は、私自身が何度も経験しましたが、そもそも技術屋とは保守的な動物なのです。もし素材を置換してトラブルでも起きれば、全部技術者の責任になるのですから、なかなか腰が上がらなくて当然なのです。貴方が製品の説明に行けば、興味を示す人は一人いるかいないかで、大多数の技術者は紛《まが》いものではないかと、首を傾げているはずです。

余談ですが、その中で一番苦虫を噛みつぶしたような顔をしてクビを横に振る人がいたら、その人が一番優秀な人で決定権者ですから、容易なことで素材置換に至らなくて当然なのです。

そこで私は、「相手の技術陣に味方をつくる」ということを試しました。製品説明に行くと、一人くらいは、「なるほど」と、頷く人がいるものです。好奇心が慎重さを上回る人、つまり頭は良いが、いい意味で少し軽い人です。そういう人を酒にでも誘って、「実は今日、貴方は製品に興味をお持ちだったようだが」と囁くのです。もし、「あれは面白いと思う」と乗ってくれれば、こういう人に囃《はや》し立ててもらう役目をお願いするのです。

私はこう言いました。「ひとつ、この素材で貴方と革命をやりましょう。しかし革命というのはそれを信じてくれる人がいないとできません。疑心暗鬼で頭から疑ってかかったのでは革命なんかできません。だから、信用してくれる貴方と一緒にやりたいのです」と。つまり、その新製品に惚れ込み、情熱を傾ける技術屋を見つけて、コンサーバティブな決定権者を説得するために一役かってもらうのです。

しかし、この方法で確かに成功したこともありましたが、現実はそんなに甘くはありませんでした。私の場合の釣り場は、最初は電子業界でした。ある大手メーカーに導入を果たし、その実績を引っ提げて、意気揚々と弱電メーカーを回りましたが、興味を示してくれても、一向に喰いついてくれませんでした。理由は京セラが零細企業だからです。「一昨年できたばかりの企業の素材など使えない」と言うのです。技術以前に会社を信用してもらえなかったのです。

忘れもしません。真冬に、北陸のある会社に絶縁材料のセールスに行きました。南国育ちの私は、慣れない雪道に足をとられてしまいます。靴の中には雪が入ってきて、足が耐えられないほど冷たい。やっと会社に辿り着いたら、今度は門前払いです。「そんな聞いたこともない会社の製品は結構や」と言うのです。足は痛いし、腹は空くし、情けない思いで仕方なくとぼとぼと駅まで戻りました。ちょうど駅の待合い室にストーブがあって、「ああ救われた」と暖をとっていたら、何か焦げ臭いのです。ふと足許を見たら、オーバーの裾の方が燃えていた。そういうこともありました。

そこで私は、「釣り場を変える」ことにしたのです。製品の使い途があり、興味を持ってもらえることは分かった。しかし、会社が零細なので技術を信用してもらえない。ならば、ベンチャーであっても、品物が良ければ買ってくれる風土のアメリカに市場を求めようと思いました。何の紹介もありませんでしたが、経験を活かして闇雲にではなく、ポイントを調べ、ヒットする餌を十分吟味して、米国の大手家電メーカーにセールスを仕掛けていきました。アメリカ企業は日本企業とは違い、「テストの結果が良ければ、技術を評価して買う。企業規模は問わない」というスタンスだったので、徐々にですが私の海外セールスは成功していきました。

次に、企業を発展させるための「新しい四つの創造」という観点から、補足したいと思います。

私は、企業を発展させるものは創造しかないと考えています。新商品の開発も創造の一つです。私は創造には以下の四つの創造があると考えています。すなわち、「新しい需要を創造する」「新しい市場を創造する」「新しい技術を創造する」「新しい商品を創造する」がそれです。ただし、これらは独立して存在するのではなく、渾然一体となったものなのです。貴方の場合なら、成功した技術の創造を、商品の創造につなげ、需要の喚起、市場の創生へとつなげていかなければ、新技術が企業の発展には貢献しないということになります。

私は、テレビ・ラジオ時代がくれば、高周波用の絶縁材料が要るだろうと見込んでファインセラミックスの研究を始めました。そして、ブラウン管の中に使う高周波絶縁材料に私の研究を応用し、使ってもらうことに成功しました。研究開発したセラミックスの用途を考え、「新需要を創造」したのです。

次に、国内、世界に販路を求め、「新市場を創造」していきました。そして、市場の創造と同時に、そこへ行って、技術屋の要求に応え得る「新技術の創造」を行い、相手が必要とする電子部品を創る「新商品の創造」を行ってきました。つまり、ダブル、トリプルで創造を繰り返してきました。京セラの発展は、実はこの「新しい四つの創造」が連綿と繰り返され、全社員の習い性になった結果、もたらされたものなのです。

この習い性の総決算がマルチレイヤー・ＩＣパッケージ（半導体封止用セラミック積層基板）の開発です。ご存じのように半導体部品の世界では、真空管がトランジスタになり、ＩＣに発展し、セラミックスの用途もだんだん複雑になっていったのですが、ＩＣで要求された技術は、従来のセラミックスの概念、すなわち粉末をこねて固めて焼成して焼き物の容れ物をつくるという、トランジスタ時代の技術常識では考えられないようなものでした。

我々は四つの創造を連綿と繰り返した結果、難題は天からの試練と考えるようになっていましたから、バリアーを超えようとする努力の日々が続きました。そしてそのような中から画期的な数々の技術が創造されたのです。

金属酸化物の粉に粘着性のある有機溶剤等を混ぜ、ちょうどチューインガムのような薄いセラミック・シートをつくる技術。そのシートにシルク・スクリーン印刷の技術を応用してタングステンで回路を印刷する技術。でき上がったシートを積み重ね、積層構造にする技術。印刷した電子回路パターンを、窒素と水素の混合気流中でセラミックスと同時に高温で焼成させる技術等がそれです。

このＩＣパッケージの技術が半導体の進歩、ひいては情報化社会の歴史を導いてきたのです。京セラのパッケージがなかりせば、半導体産業の発展は違ったものになっていただろうと言われるほどでした。

自分が持っている技術や商品を活かせるところは必ずあります。そういうニッチなところを狙って、それを伸ばしていくということが必要なのであり、そこで蓄えられた「新しい四つの創造」は、必ず貴方の会社を発展させていくのです。

第六章

強い組織をつくる（ドキュメント盛和塾）

塾長　盛和塾は、例会も、この懇親会の雰囲気も素晴らしい空気なんです。それは、本当に素晴らしい空気なんですね。素晴らしい志のある人たちが集まっておられるから波動が違うのです。

私は盛和塾の例会にやってきて、ただの一回として不愉快な思いをしたことがないんです。非常に疲れている時もあるし、毎回喋ることを用意するのはしんどいことで、苦痛でだんだん辛くなるのですが、イヤと思ったことがないのです。

私は盛和塾にやってくれば、誠心誠意、皆さんの相手をしなければいけないから、一時間話をして、コンパをして、食べている暇もない。今日も、事務局長が気を遣ってくれて、「身体に悪いからせめてうどんでも」などと言ってくれて、安心してうどんをすすっていたら、すぐに、「塾長、早く食べて、あとは皆さんの相手をして下さい。列ができていますから」とも言われて、それも毎回うどんだけですよ。

「いい加減にせいよ」と思っていると、「二次会も付き合いなさい」って、「もう、僕はどんだけ食わせれば働くロバみたいなもんか」と。皆さん笑っていますけど、本当なんですよ。

でも、いいんですね。いいんですよ。例会で講義を聴いたり、経営談義を戦わせることも勉強ですけど、こうして膝を突き合わせて、酒を酌み交わしながら、ど真剣に経営や人生について話をすることも勉強なんです。ですから、イヤだと思ったことは一度もないんです。

そして、「この前お目に掛かってから、人生が変わりました」という方が現れる。私のような者の体験でもお役に立てた。そういう話を聞くともう本当に嬉しいんですね。

やはり心の波動が合うんですね。同じような心根《こころね》の人が集う。だからとても雰囲気が良く楽しいのです。ある渦を巻いて集まる、といってもいいかもしれません。こういう波動はとても大事で、京セラでもとても大切にしています。

ごめんなさい。さあ、飲みましょう。先ほど「質問があります」とおっしゃった方、どうぞ。

塾生質問

1 京セラのコンパとはどういうものか

以前、京セラの幹部の方にお伺いしたら、「塾長はどんなに体調が悪くても、注射を打ってでも、従業員とのコンパには必ず出かけていって、最後の一人まで語りかけておられた」と聞きました。その姿は、「傍らから見ていて鬼気迫るものがあった」とも聞いたことがあります。

京セラのコンパとは、どういうコンパなのでしょうか。私は、京セラのコンパというものが、従業員とのコミュニケーションの原点になっているのではないかと思うものですから。

塾長回答

心をベースとする

京セラのコンパが従業員とのコミュニケーションの原点になっているのではないかと、おっしゃいましたね。そのとおりなのです。もちろん、大変苦労をかけているな、という思いやりの心で開く会ですが、一杯飲みながら、和やかな雰囲気の中で、今からどういう人生を送るのかを話し合い、互いに向上し合うような酒盛りにするというのが京セラ流です。

ですから、京セラのコンパは非常に真面目です。ただ面白おかしく、ただ酒を食らって己を忘れてしまうような、酒に呑まれるような酒は下の下です。うちではそういうのは一発で叩き出されてしまいます。だから、自然とそういう雰囲気が出てきて、合わない人は自然とこぼれていくことになります。

ですが、決して堅苦しい酒でもありません。「今日はお疲れさま。どうぞ、皆さん、美味しいお酒を、また簡単ですけど今日の食事を楽しんで下さい」と。そしてニコニコして飲み食いしている時に、私が、「ちょっと待って下さいよ、ちょっと今気がついたことがある」と言って話をします。すると、皆真剣に聴いてくれます。それでもって話し終わると、「さあ、どうぞ、また飲みましょう」と言う。非常にリラックスしているのですが、非常に真剣です。これが京セラのコンパの原点です。

もちろん、「今日は俺が間違っていた」と、謝る時もあれば、「今日、お前は俺がこう言った時、プーとふくれっ面をしたろう。なんでや」と、意思の疎通を図りにいく時もある。また、「今のお前の考えは間違ってる」と、真っ向から人生論を挑んでいくこともあります。

その一方で、「あの社長はああ言うが、我々を働かそうと思って、会社が儲かればいいと言ってるんや」と、そういうすべてを悪くとる人間がいます。人生論で挑んでも、斜に構えていて、話にならない人もコンパに出席しています。ウチのコンパは原則全員参加ですから、そういうニヒルで暗い人間には、「お前、考えてみい。うちはもっと明るく、人生を前向きに生きる社員が要るんだ。お前みたいな暗いのは困るんや」と、やった時もあります。ですから、コンパの翌日には、いくら頭が良くてもネガティブな人で、辞めていくのがおったりするわけです。

酒を飲んで、胸襟を開いて話せば、社長の人柄も、従業員の人柄も全部出ます。

そうなんです。だいたい酒の飲み方で人生が決まることもあるんです。酒の飲み方ひとつで、人はいくらでも堕落してしまうものなのです。

でも向上する酒だってある。一献献上して胸襟を開いた時に、人生とは何か、人間とはどう生きていくべきかを話せば、変わってくるのです。面白おかしく騒いだり、憂さ晴らしばかりが酒じゃないだろう、酒を飲めば飲むほど真面目な、身につくような話をお互いしていこうではないか、そういう素晴らしい酒を飲もうではないか、というのが京セラのコンパです。

塾生　大勢の従業員とコンパを通じてどのようにコミュニケーションをとっておられるのですか。私は従業員三百人、事業所二十五ヶ所のレベルでもう諦めていますが。

塾長　会社が大きくなってからは、思いどおりにできていません。できていませんから、私に代わって人生観を、哲学を説いてくれる幹部をということで、幹部の人たちに徹底して話し込んでいきました。今ではその人たちがそれぞれの部門で、私の分身として哲学を話し、コンパをしてくれていますから、会社が保たれています。

ですから、こうしてボランティアで盛和塾をやっていますと、従業員から大変な非難があるんです。「会長は我々にはちっとも話をしてくれない。よそで話ばかりして」と。

でも、貴方の企業規模なら全員の方とコンパをするのは、やる気の問題だと思いますよ。

思い出しますのは、当時千人くらいはいた工場の全部署の忘年会に、来る日も来る日も出かけていった時のことです。私にそこまでさせる原動力となったものは、「せめて年に一回くらいは、現場の従業員に至るまで、皆と膝を突き合わせて話をしたい」という一念だけでした。

そういうものがあって初めて、企業内に哲学を共有する風土、つまり「あの人と一緒だったら、どんな苦労も耐えてみよう」という雰囲気が出てくるのだと思います。だから理屈や、テクニックではないんです。

貴方は後継経営者でしょう。ぼやっとしとったらいかんのですよ、あまり苦労もされとらんのに、それだけの事業所をもらっただけでも幸せではありませんか。それくらいのことで苦労をしたって、苦労のうちに入りませんから。地べたを這ってでもいいから、現場を回り、コンパでは従業員たちのテーブルを回って歩けと言いたいですね。

貴方はコンパで、貴方を尊敬し、ついてきてくれる人、そういう人に貴方の思想を吹き込み、お父さんではなくて貴方のシンパにしていかなければならないのです。もっと言えば、シンパとは信者です。コンパはそれをひろめる手段です。そう思ったらできるでしょう。

塾生質問

2 燃える闘魂をどう体得するか

私も今お話の出た、ぼやっとした後継経営者です。世間でいう典型的な二代目だと思います。私は塾長が説かれる「経営十二ヵ条」を指針として頑張ってきました。でも今、十二ヵ条の中で一番自分に欠けているものは、「燃える闘魂」だと思うのです。何不自由なく育ってきたものですから、「いかなる格闘技にもまさる激しい闘争心が必要」という項目だけは、逆立ちしても体得できないような気がするのですが、どうでしょう。

塾長回答

責任感と社会的意義を持つ

そういう格闘家のように、もともと勝ち気な個性を持っている人は確かにいます。しかし、私が話している闘魂とは、そういう粗野な、粗雑な闘魂ではなくて、母親が持つ闘魂なのですよ。子供が襲われようとした時、母親が怯まず外敵に挑んでいくでしょう。あれです。

ある映像で、鷹に襲われる鳥の親子を見てびっくりしたことがあります。鷹は必ず弱い子供の方を襲いますね、そこで母鳥は我が子を獲られまいと、怪我をしたふりをするのです。そして、逆に声を上げて敵を自分の方に引き寄せて、自分を犠牲にしても子供を救おうとするのです。動物の世界でも、母親はどんな父親でも持たないような、凄まじい勇気と闘魂をもって自分の子供を助けようとするのですね。

私は、闘魂というのはそういう対象物があって、それに対して自分の責任を果たそうということで、発揮されるものだと思うんです。闘魂が出てくるには、このように対象となるものが要ると思うんです。

もともと、ええところのボンボンで、喧嘩もしたことがない、闘魂なんて縁遠かった、だけど、ひとたび経営者となった瞬間、自分には従業員という子供がいる、社員という対象がいますから、ウチの会社が危機に瀕するならば、血だらけになっても守ります、そういうことで闘魂が出てくるのだと思います。

ところが、面白いんですね。鉄火場を知っている者より、一見頼りなさそうですが、貴方みたいに青白いボンボンみたいな者が、本当に腹を据えてかかっていく方が、クリカラモンモンのやくざも背筋が寒くなるって言うんですね。殴っても、大怪我させても、それでも立ち向かってくる。怖くなってくると言うのです。つまり、喧嘩というのは腕力じゃない。度胸なんです。

それは自分の会社、親から譲ってもらった会社、従業員も、お客さんもいる大事な会社、そして社会の役に立っている会社、その会社のために、「私はそういう理不尽な連中に負けてたまるか、私は命を賭してでも守る」という気持ちなのです。そうなると度胸もすわるものなのです。

決して腕力だけが闘魂ではないのです。会社や社員に対して、そういう責任感と社会的意義というものを持てば、腹は決まります。

そもそも、経営者の勇気は蛮勇ではいけません。慎重な、よく考える人でないと経営者は務まらないのです。でも、そういう人は往々にして恐がりで、勇気がないものです。ですが、そういう慎重な人が、会社のためと覚悟を決めて、修羅場をくぐり抜けていくと、本当の勇気が身につきます。本物の経営者になることができるのです。私は部下なんかは皆そうやって鍛えてきました。

経営十二カ条

第一条　事業の目的、意義を明確にする
公明正大で大義名分のある高い目的を立てる

第二条　具体的な目標を立てる
立てた目標は常に社員と共有する

第三条　強烈な願望を心に抱く
潜在意識に透徹するほどの強く持続した願望を持つこと

第四条　誰にも負けない努力をする
地味な仕事を一歩一歩堅実に、弛まぬ努力を続ける

第五条　売上を最大限に伸ばし、経費を最小限に抑える
入るを量って、出ずるを制する。利益を追うのではない。利益は後からついてくる

第六条　値決めは経営
値決めはトップの仕事。お客様も喜び、自分も儲かるポイントは一点である

第七条　経営は強い意志で決まる
経営には岩をもうがつ強い意志が必要

第八条　燃える闘魂
経営にはいかなる格闘技にもまさる激しい闘争心が必要

第九条　勇気をもって事に当たる
卑怯な振る舞いがあってはならない

第十条　常に創造的な仕事をする
今日よりは明日、明日よりは明後日と、常に改良改善を絶え間なく続ける。創意工夫を重ねる

第十一条　思いやりの心で誠実に
商いには相手がある。相手を含めて、ハッピーであること。皆が喜ぶこと

第十二条　常に明るく前向きに、夢と希望を抱いて素直な心で

塾生質問

③ 若い従業員の価値観をいかに受け止めるか

真の勇気とはという話のあとに、こんな迫力のない話で恐縮なのですが、若い社員の価値観というか、マイホーム主義の考え方に戸惑っています。カッコつけずに言うと、幹部でも、「息子の運動会や娘の学園発表会だけは必ず出たいんだ」という方が増えてきました。最近は仕事より、社員の新しい価値観と闘っているような気がしてならないんですが、どう受け止めたらいいのか、悩んでおります。

塾長回答

従業員の意識を経営者の意識にまで高める

この問題は、おそらく経営していらっしゃる皆さん共通の悩みだと思います。決して聞くのが恥ずかしいというようなことじゃなくて、皆さんが尋ねたいことだと思いますよ。

確かにそういう傾向が昨今の若い世代に強くなっているんだと思います。しかし、私が会社をつくった当時にも、そういう考え方をする人は、今ほど多くはなかったけれど確かにいました。時代が違うので現在も通用するとは思いませんが、私はそういう時こう話してきました。

もし従業員が、「時間内であれば真面目にやりますけど、残業するような仕事についてはご免被りたい」という人たちばかりであった場合、会社はどうなるのかと、皆に問うてきました。

たとえば、貴方の会社に百名の従業員がいれば、いくらロイヤリティが高くても、トップを含めた五、六名の役員だけでは、会社を支えていくのは不可能なわけです。会社というのは必ず問題が起きるもんですから、問題が起きてくれれば、なるべく時間内でやっていこうという従業員だけではとても解決できない。

そういう人たちが、会社が崖っぷちに立たされた時、理解して協力してくれるならいいのです。しかし、自分の権利だけを主張し、経営者を支援してもらわなければいけない時に、逆の行動に出るんです。

ですから私は、いざという時、残業をしてでも、困難な時は頑張ろうという従業員が必要になってくるし、どのくらい協力しようという従業員がいるのかが会社の運命を決めるんだろうと考えました。最終的には、経営者というのは、従業員の意識を、経営者の意識にまで高めていく必要があるのではないかと思うようになったのです。

そこで、私は経営の実態をなるべく赤裸々に従業員に伝え、うまくいっている時は、「従業員の皆さんの努力のおかげです」と言うし、悪い時は正直に、「悪い」と言って、共に頑張る風土を醸成し、従業員の気持ちを経営する側の気持ちと同じレベルに高揚させていこうとやってきました。

しかし、時代が違います。時間だけ働いて給与をもらえれば良いという従業員が増えています。もし、そういう人を基準にして経営していかなければならないとすれば、終身雇用は崩れるのでしょうね。今終身雇用を崩そうという意見が出始めているのは、そうした従業員をたくさん抱える企業の経営者からです。

そうなると欧米流の経営にならざるを得ない。日本で美徳とされてきた終身雇用や年功序列給与はなくなっていかざるを得ないでしょう。

きっと、もうそうなっていかざるを得ないんだけれども、世の中がそう変わるなら、京セラだけは一番最後に変わろうではないか、それまでは労使協調で一生懸命協力する会社であって欲しい。そういうことになるんでしょうね。そういうことが勝負ではないでしょうか。

塾生　じゃ、会社のために、ある程度自己犠牲を払ってくれるような社員をつくることは諦めろということでしょうか。

塾長　いや、努力はするのです。しかし、そういう時勢には逆らえない部分があるということですよ。

戦後教育のツケというか、なぜ働くのかという職業倫理観の教育を受けていない世代をつかまえて、「会社のために自己犠牲を払え」と言っても、通用しない部分がありますよ、ということです。特に、皆さんの場合は家業でしょう。だからそれは、「当家の繁栄のために犠牲を払え」というのと同義でもあるわけで、言っても誰もついてこなくて当然だと思うのです。

でも、こうは言えると思いますね。「皆さんがうちで禄《ろく》をはむなら、うちの会社で生活するなら、会社がうまくいかなければ皆さんも食えないはずだ。だからプロとしての意識で会社を守って下さいよ」と。そして、「お客さんがうちを愛してくれなければ、うちの会社はうまくいかないんですから、お客さんのために、必要だったら休日出勤や深夜業務をこなしてもらえませんか。それはプロとして、お客さんに対する責任としてやって下さい。その代わり、私はそういう皆さんのために身体を張って雇用を守り抜きますから」とは、言えると思います。

貴方は、まずこういう教育を従業員にして、責任感のある行動ができるように育てなければならないということです。

そのためには、従業員に犠牲を求めるのではなく、まず貴方が従業員に良くしてあげる。全部の人にできなければ、幹部の方から始めて、会社幹部として誇りが持てるように、それなりの待遇をしてあげるべきでしょう。

家庭を犠牲にする愛社精神のある人が欲しい、と思われるのは無理のないことですが、そういう人材はなかなかあるもんではありません。

塾生質問

4 家族愛と仕事のバランスをどう図るか

以前、塾長は「私は全くの仕事人間で、仕事ばかりしてきて家族の面倒は見ませんでした」と話しておられましたが、家庭を犠牲にしたと思いますか。

塾長回答

大きな愛にめざめる

確かに仕事ばかりで家庭の面倒を見なかったことは事実です。しかし、家内は私が夜中に帰ってても必ず、起きて待っていてくれました。結婚してから今日まで寝ていたことは一度もありません。ですから、私は家に帰ったら、たとえば「今日、お客さんと飲みに行ってこんなことがあった」ということを、なるべく話すようにしてきました。「こんなこともあった、あんなこともあった」ということを話すことで、一体感といいますか、一緒に仕事をしているような感覚になってくれるだろうと思って、話をしてきたわけです。

ですから家族は、私がなぜあんなに一生懸命働くのか、ということをよく理解してくれていたと思うし、そういう信頼関係があったから、盛和塾では、「そんなこと考えているからあかんのや。家のことを考える暇があったら仕事せい。そうすると家族だって分かってくれる」と言い切れたのです。

だから、犠牲にしたとは感じていません。

実は、ある時娘がこう言ってくれました。「お父さんには我々三人、四人の家族だけではなくて、何千人もの子供がいるんだから当然だと思います。私たちだけがお父さんの愛をすべて受けるわけにはいかないことは、もう知ってます」と。私は、それだけですべてが氷解したと思っています。大きな愛に家族が目覚めてくれたのです。

ところがね、子供が大きくなって結婚するということになって、娘と家内と私で、ある夜議論になったんです。上の娘が、「お父さんは何にも知らないで、理解してくれたと思ってる。みんな不満だったけど、そういう反乱を起こさなかっただけ」と言って口火を切ると、大変なことになったんです。

そしたら、一番下の娘が、「昔、会社がまだ小さい頃、お父さんが夜中に帰ってきて、『みんな起きなさい』と言って起こして、会社の話を始めた」って言うんです……。いや、それでその話というのが強烈なんです。「さんざん話をした挙げ句、最後に、『お父さんの会社はいつなんどき潰れるかもしらん、会社が潰れれば、お父さんはお金を一銭も持っていない。やっと市の分譲住宅を買ったけれども、ここの家も担保に入っているのでとられるかもしらん。だからお父さんは頑張らなきゃいかんのや』と言った。それが子供心にすごく怖かった。幼少期に相当な精神的ショックを受けるということも想像せんと、あんな酷いことを言う父親はけしからん」とやられて。

もうビックリしてしまいました。

私は、理解をしてみんなついてきてくれたと、よくぞついてきてくれたものだ、とばかり思っていましたから、そうではなしにみんな辛抱してきたのであったことを理解しました。

塾生質問

5 健康を保つためにしていることは

何か健康法を密かにやっておられるのかどうかなと思いまして、プライベートな質問で恐縮です。

塾長回答

常に明るく前向きに

かまいませんよ。健康法は何もやっていません。じゃあもともと健康かというと、そうでもありません。大変病弱で、小学校六年生から旧制中学校に入る頃、結核で一年間休学をして寝込んでおったぐらいです。

強いて健康法といわれると、心をいつも明るく持っているということ、そして、毎日よく感謝をして生きているということ、それかな、という気がします。くよくよ思ったり、不平不満を思ったりすることは一切せんことにしています。とにかく現在、ここにこうして生きていることに感謝がある。だから朝起きて、口をついて出るのが、すぐに、「ありがとう」。そして、「ごめん」です。悪さをしては、「神様ごめん」とよく言っています。それが心を明るく、気持ちを明るく保っているコツといえば、コツでしょうか。そのため大変に健康なんだと思います。

塾生質問

6 名経営者の条件とは

名経営者の条件といったことをお伺いしたいのですが。

塾長回答

経営という仕事を好きになる

最後を飾るにふさわしい質問です。一つ例を引いてお話ししてみましょう。

私共の会社に、光学レンズの研磨をしている会社があります。買収した会社の子会社でして、もともとは戦前からあった会社です。戦後はいろんな変遷があって、最終的にはある会社の子会社になり、それを私共が買収したために、京セラの子会社になったという会社です。

この会社は戦後一貫して大変苦しい経営を続けてきました。前の会社の傘下にあった時も赤字でしたし、京セラに合併されてから以後も赤字でした。実は、レンズの研磨というのは大変厳しい仕事で、３Ｋの最たるもんです。泥まみれで大変辛い思いをして仕事をしなければなりません。加えて経営がそういう状態でしたので、小さな会社でありながら大変激しい労働組合がありました。上部団体もあって、専従の組合員がいて、大変活発な組合活動をするという会社でした。

最初に京セラの中堅幹部を送り経営改善を図りましたが、組合活動がネックで、二年経っても芳しくない。そこで次に、私と三十年一緒にやった人を幹部として送りました。しかし、二年くらい経った時その幹部が、「会長、もうだめです。従業員が組合思想に凝り固まってどうにもなりません。辞めさせて下さい。ついてはケツを割るのですから、京セラも辞めたい」と、もう疲れ果てて帰ってきたのです。

ほとほと困っておりましたが、ほかにあてもないので、その幹部の部下であった人に行ってもらうことにしました。滋賀の蒲生工場でセラミック研磨の職長をしていた人です。古くから京セラにいますが、大学は出ておりませんし、転職してうちに来てくれた人です。実は、うちの会社の中でも頭角を現しているという人ではなく、たたき上げで、ごく小さな部門ですが、そこの長になったという人です。

ですから、セラミック研磨とレンズ研磨がよく似てますので、「すまんが青梅の工場に行って再建してくれ」と言っただけで、大きな期待をしていたわけでもなく、その人に幹部として行ってもらったのです。赤字を続けてはいましたが、京セラという大所帯から見れば、別に痛いわけでもありませんでした。

ところが、彼が行ってから足かけ三年経った時、月次決算で黒字が出ましたと報告に来たのです。終戦後から万年赤字の会社であったのに、黒字が出たという。「素晴らしいやないか、あんた」と声を掛けると、「やっと会長、何とかここまで来ましたので、頑張ってこの会社を良くしていきたい」と言うのです。

しかし、ついていないというか、ちょうどその頃からバブル崩壊後の景気の下り坂が本格化してくるのです。受注も減るし、ひとたまりもないだろうと思いましたが、「頑張りなさいよ」と言って励ましました。

ところが、景気が悪くなっていくのに、黒字が定着して赤字が出ないのです。彼に子会社へ行ってもらって六年経っても、生産規模は小さいものの、毎年キチッと一割の利益を出してくるのです。

私は、その子会社の別の幹部を呼んで、どうしたのか聞きました。

実は、その送り込んだ幹部は、京セラの経営哲学を引っ提げて赴任して、会社への不信感で凝り固まった人たちを相手に、誰彼となく、「人間として何が正しいのか」ということを説いて回ったというのです。親会社から、自分たちをいじめるために来ただけの男だと思って、敵愾心《てきがいしん》にあふれている人たちを相手に、怯むことなく現場に出て、経営者としてではなく、人間として何が正しいのか、その一点で作業員一人一人をつかまえて、論争を挑んでいったというのです。

彼は、出生地の滋賀県から出たことがない。教育だって十分受けていない。その彼が、田舎の訥弁《とつべん》の男が、関東人を相手にボソボソ話し始めたわけです。

私も初めは、怪我でもせんかと、それはハラハラ見ていたのです。ところが、一人、また一人と、その訥弁に耳を傾ける者が出てきて、結局はガチガチの組合思想に凝り固まっていた幹部連中も、いつのまにか彼の意見に賛同し始めたのです。もちろん、簡単には賛同しませんが、徐々に変わってきたのです。黒字になったのは、従業員の人間としての生き方に対する考え方が変わった結果、起きた現象だったのです。

その会社である日、新工場のオープンがありました。「是非来て欲しい」と彼が言うので、私も行きました。私が記憶しているのは、買収当時の光景だけで、それも汚い工場と、買収先のボスが視察に来たというので、敵愾心に満ちた目で迎える従業員と、経営者を攻撃するガリ版刷りの組合新聞。そんな悪い印象しかなかったのです。

ところが驚いたのは、私が入って行くと、従業員が会釈し顔を上げてニコッとしてくれたのです。それも長年待ち焦がれた親父がやっと面会に来てくれた、といわんばかりの表情です。そして、整理整頓された素晴らしい職場がありました。もちろん、金などかけていませんから、ところどころ剝げているんですが、ゴミ一つ、塵一つないのです。

彼はちっとも自慢も、威張りもしません。そして私に言うのです。「会長、こんな素晴らしい仕事をさせていただいて、何とお礼を申し上げていいかわかりません。感謝しようがありません」と。私は、努力の甲斐あって会社も黒字になり、専務として誇りも持てるようになったことを喜んでくれているのだろうと思って、「ほう、何でや」と聞くと、彼曰く、「経営とはこんなに面白いものかと、教えていただいたことにお礼を言いたい。今まで人生には、仕事以外に面白いことがいくらでもあると思っていたが、経営の醍醐味を知った今では、比較になりません」と言うのです。

それを聞いた私は参ってしまって、「あんた、経営者としては免許皆伝ですわ」と、思わず言ってしまいました。

その彼が、従業員の家族から感謝の手紙をもらったというのです。

彼はそれを読んで、「自分の方向は間違っていない」という自信を深めて、従業員の意識革命に突き進んでいって、私が見に行って感じたとおりの、素晴らしい工場をつくりあげていったのですが、その我が社の幹部に届いた手紙をここで読みたいと思います。

「拝啓　専務殿

貴方にはいくら感謝しても感謝したりないくらいです。お礼を申し上げます。

私の主人は今まで組合運動なんかをして、実は家ではグウタラで子供にまで馬鹿にされていました。それが貴方が来られてから、うちの主人は目の色が変わってきたのです。朝は早くから会社に行きますし、晩は遅くまで仕事をします。帰ってきても、言うことが変わってきています。

また、それを見た子供が最近、主人を尊敬し始めたのです。子供が小馬鹿にしているお父さんというのは、私は大変悲しかったのですが、最近のお父さんの行動を見て、子供が尊敬し始めました。

お父さん自身がいきいきしてくると、家庭までいきいきしてきました。子供もお父さんを尊敬するようになって、家庭が本当に明るくなりました。なんとお礼を言っていいか分かりません。かしこ」

この幹部は、どんなに辛いことがあろうと、夜何時になろうと仕事が楽しいと言う。経営が楽しい。だからやれるのです。経営というのは楽しくなければいかんのです。私自身が人並み以上にできているのも、本当に経営が楽しいからです。

「好きこそものの上手なれ」といいますが、経営そのものが苦痛であってはいけません。二代目であろうと、三代目であろうと、たとえ自分の意志ではなくても、その会社を継いだ以上、何としても仕事を好きにならなければいけません。

では、好きになるにはどうするのか、それは仕事に打ち込むことです。打ち込まなければ、決して好きにはなれません。どんな仕事であっても、それに全力で打ち込んでやり遂げれば、大きな達成感と自信が生まれてきます。その繰り返しの中で、さらに仕事が好きになります。さすればどんな努力も苦にならなくなり、素晴らしい成果を挙げることができるのです。

名経営者の条件がもしあるとすれば、自分の今の経営という仕事を好きになることです。そのためには貴方の今の仕事に打ち込むこと、それしかありません。

関東・甲信	渡良瀬・群馬・佐倉・千葉・埼玉・東京・横浜・長野・やまなし
中部・北陸	新潟・富山・石川・福井・静岡・岐阜・名古屋・三河・三重
近畿	滋賀・京都・南京都・大阪・北大阪・東大阪・神戸・播磨・和歌山
中国	山陰・岡山・広島・山口
四国	徳島・香川・愛媛・高知
九州	福岡・佐賀・長崎・熊本・大分・宮崎・鹿児島
沖縄	沖縄
ブラジル	ブラジル・パラナ・クリチーバ
アメリカ	ロサンゼルス・ニューヨーク・シリコンバレー・ハワイ・シカゴ
中華人民共和国	無錫

機関誌「盛和塾」について

機関誌「盛和塾」は、稲盛塾長の講話、経営問答、塾生経営者による経営体験発表等を各号約120ページにわたり掲載しています。塾生以外の方でも購読いただけます。年7回発刊（偶数月10日・全国大会特別号）

お問い合わせ先

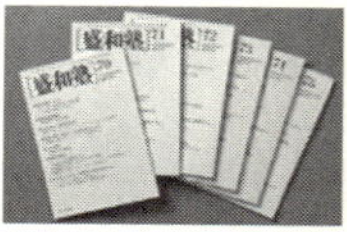

盛和塾に興味のある方、入塾を希望される方、あるいは機関誌購読希望の方は、下記盛和塾本部事務局までご連絡下さい。

盛和塾本部事務局
〒600-8411
京都市下京区烏丸通四条下ル水銀屋町620番地　COCON烏丸 ５Ｆ
Tel：075-361-6740　Fax：075-361-6750
E-mail：seiwa@seiwajyuku.gr.jp　ＵＲＬ：http://www.seiwajyuku.gr.jp/

盛和塾全国大会

盛和塾について

概要

盛和塾は、京都の若手経営者が京セラ株式会社の稲盛和夫社長（当時）から、人としての生き方（人生哲学）、経営者としての考え方（経営哲学）を学ぼうと1983年に集まった自主勉強会に端を発しています。

真剣に学ぼうとする塾生とそれに応えようとする稲盛塾長との緊張感あふれる学びの場となっています。

稲盛塾長は心ある企業経営者こそが明日の日本を支えるとの信念に基づき、ボランティアで盛和塾活動に心血を注いでいます。

活動内容

・年間十数回、各地区で稲盛塾長を迎えて塾長例会（勉強会）を開催します。塾長例会では、塾長の実体験に基づく講話や、稲盛哲学を学び成長した塾生による経営体験発表、塾生の質問に塾長が答える経営問答などの勉強会があり、その後懇親会が行われます。（勉強会の内容は、例会ごとに変わります）
・塾生は全国すべての塾長例会にお申し込みいただけます。
・年に一度、全国の塾生が集い学ぶ、全国大会が開催されます。（例年夏期に実施）全国から選ばれた８名の塾生による経営体験発表と、参加者全員が交流し、親交を深め合う懇親会が催されます。
・塾長講話や経営体験発表等を掲載した機関誌「盛和塾」が発行されています。
・全国各地の塾では塾生による勉強会（自主例会）が定期的に行われています。塾長例会のＤＶＤ視聴や塾生経営体験発表の後に討議をするなど、お互いに切磋琢磨しています。
・入塾後は塾生専用ＨＰ「盛和塾インフォメーション」を閲覧いただけます。
・国内53塾　海外９塾、会員数6,187名（2011年１月１日現在）

盛和塾沿革

1982年　1980年５月の京都青年会議所（ＪＣ）の講演をきっかけに、ＪＣ会員が京セラ株式会社の稲盛和夫社長（当時）に経営の考え方を学び始める
1983年　自由闊達な学びの場から、稲盛塾長より生きた経営学を学ぶ勉強会「盛友塾」が発足。当時の会員数25名
1989年「盛友塾」を「盛和塾」に名称変更する。京都、大阪に開塾
1991年　全国組織化趣意書を作成し、塾数拡大をはかる
1992年　第１回全国大会が京都宝ヶ池プリンスホテルで開催される
1993年　初の海外塾となる、盛和塾「ブラジル」が開塾する
36塾1,561名となる
2002年　米子での市民フォーラムを皮切りに、稲盛塾長が「人は何のために生きるのか」をテーマに講演する、各地区盛和塾主催の公開講演会が行われる
2009年　60塾5,025名となる
2010年　塾生数6,000名を突破する

各地区塾名一覧

北海道	札幌・オホーツク・帯広・はこだて
東北	あおもり・秋田・仙台・山形・庄内・盛岡

PHP
Business Shinsho

稲盛和夫（いなもり・かずお）
1932年、鹿児島生まれ。鹿児島大学工学部卒業。59年、京都セラミック株式会社（現京セラ）を設立。社長、会長を経て、97年より名誉会長を務める。また84年には第二電電（現ＫＤＤＩ）を設立、会長に就任。2001年より最高顧問。2010年日本航空会長就任。一方、84年には稲盛財団を設立すると同時に「京都賞」を創設。「盛和塾」の塾長として、経営者の育成に心血を注ぐ。
主な著書に、『[新装版] 心を高める、経営を伸ばす』『成功への情熱— PASSION —』『敬天愛人』『稲盛和夫の哲学』（以上、ＰＨＰ研究所）、『稲盛和夫の実学』（日本経済新聞出版社）、『君の思いは必ず実現する』（財界研究所）、『生き方』（サンマーク出版）、『人生の王道』（日経ＢＰ社）、『「成功」と「失敗」の法則』（致知出版社）、『働き方』（三笠書房）、『ど真剣に生きる』（ＮＨＫ出版）がある。
稲盛和夫オフィシャルホームページ
http://www.kyocera.co.jp/inamori

PHPビジネス新書 168

新版・実践経営問答
こうして会社を強くする

2011年４月１日　第１版第１刷発行
2012年７月26日　第１版第７刷発行

著　者　稲盛和夫
編　者　盛和塾事務局
発行者　小林成彦
発行所　株式会社ＰＨＰ研究所
東京本部　〒102-8331　千代田区一番町21
ビジネス出版部　☎03-3239-6257（編集）
普及一部　☎03-3239-6233（販売）
京都本部　〒601-8411　京都市南区西九条北ノ内町11
PHP INTERFACE　http://www.php.co.jp/
装幀　齋藤稔
制作協力・組版　株式会社PHPエディターズ・グループ
印刷所　共同印刷株式会社
製本所　東京美術紙工協業組合

ISBN978-4-569-79495-2

「ＰＨＰビジネス新書」発刊にあたって

わからないことがあったら「インターネット」で何でも一発で調べられる時代。本という形でビジネスの知識を提供することに何の意味があるのか……その一つの答えとして「**血の通った実務書**」というコンセプトを提案させていただくのが本シリーズです。

経営知識やスキルといった、誰が語っても同じに思えるものでも、ビジネス界の第一線で活躍する人の語る言葉には、独特の迫力があります。そんな、「**現場を知る人が本音で語る**」知識を、ビジネスのあらゆる分野においてご提供していきたいと思っております。

本シリーズのシンボルマークは、理屈よりも実用性を重んじた古代ローマ人のイメージです。彼らが残した知識のように、本書の内容が永きにわたって皆様のビジネスのお役に立ち続けることを願っております。

二〇〇六年四月

ＰＨＰ研究所

PHPの本

成功への情熱―PASSION―

稲盛和夫　著

一代で京セラを造り上げ、次々と新事業に挑戦する著者の、人生、ビジネスにおける成功への生き方とは？　ロングセラー待望の文庫化。

〈文庫判〉定価五八〇円
（本体五五二円）
税五％